KATIA CANTON

CONTOS DE FADAS

MODOS DE SER E DE USAR:
EDUCAÇÃO, ARTE, PSICANÁLISE

Texto © Katia Canton

Direção editorial
Marcelo Duarte
Patth Pachas
Tatiana Fulas

Gerente editorial
Vanessa Sayuri Sawada

Assistentes editoriais
Henrique Torres
Laís Cerullo

Assistente de arte
Samantha Culceag

Capa
Vanessa Sayuri Sawada

Pesquisa iconográfica
Angelita Cardoso
Samantha Culceag

Diagramação
Elis Nunes

Preparação
Ronald Polito

Revisão
Beatriz de Freitas Moreira
Clarisse Lyra

Imagem de capa
© Gustave Doré/Perrault, Charles. Les Contes de Perrault. Paris: J. Hetzel, 1862/Wikimedia Commons; © Gustave Doré/Gwengoat/iStock.

Impressão
Loyola

CIP-BRASIL. CATALOGAÇÃO NA PUBLICAÇÃO
SINDICATO NACIONAL DOS EDITORES DE LIVROS, RJ

C234c
Canton, Katia
Contos de fadas – modos de ser e de usar: educação, arte, psicanálise / Katia Canton. – 1. ed. – São Paulo: Panda Educação, 2025.

ISBN 978-65-88457-22-1

1. Contos de fadas na literatura. 2. Contos de fadas – História e crítica. 3. Ficção infantojuvenil. 4. Psicanálise e contos de fadas. I. Título.

24-94030
CDD: 398.2
CDU: 398.21:82.09

Gabriela Faray Ferreira Lopes – Bibliotecária – CRB-7/6643

2025
Todos os direitos reservados à Panda Educação.
Um selo da Editora Original Ltda.
Rua Henrique Schaumann, 286, cj. 41
05413-010 – São Paulo – SP
Tel./Fax: (11) 3088-8444
edoriginal@pandabooks.com.br
www.pandabooks.com.br
Visite nosso Facebook, Instagram e Twitter.

Nenhuma parte desta publicação poderá ser reproduzida por qualquer meio ou forma sem a prévia autorização da Editora Original Ltda. A violação dos direitos autorais é crime estabelecido na Lei nº 9.610/98 e punido pelo artigo 184 do Código Penal.

FSC
MISTO
Papel | Apoiando o manejo florestal responsável
FSC® C008008

SUMÁRIO

5 Apresentação
9 Para começar, as perguntas fundamentais: Por que ainda lemos contos de fadas? E por que apresentá-los às crianças?
14 Por que precisamos de histórias?
19 Como estudar e pensar os contos de fadas?
31 A origem: Onde tudo começou? Ou o que seria um "conto original"?
35 Marie de France, a pioneira
39 Madame D'Aulnoy e a invenção das fadas
42 Charles Perrault e suas moralidades
47 Irmãos Grimm e a legitimidade do povo alemão
51 Dorothea Viehmann, Dortchen Wild e as mulheres dos contos alemães
58 O mundo sensível e diminuto de Andersen
62 Quem conta um conto... faz arte?

67 A invenção da infância e os contos na contemporaneidade
72 A apropriação dos contos pelo cinema de animação

77 Ainda faz sentido continuar a contar? Os prós e contras dos contos de fadas
78 A repetição
80 Os estereótipos
81 Medo do lobo, medo das bruxas
83 Enredos tristes e violentos
86 O "conhecido não pensado" das histórias
89 A semelhança com as fases da vida
92 O papel da mulher
96 A esperança
98 Justiça social
99 A produção de identificações

100 O princípio de realidade e o princípio do prazer
101 Gerenciamento das emoções e exercícios de resiliência
104 Um possível contra: a idealização da beleza e do amor
106 Um antídoto: a versatilidade dos contos

109 Caixa de ferramentas: Como trabalhar com contos de fadas em sala de aula? Como pensar as possibilidades terapêuticas dos contos?
110 Contos de fadas como obras de arte
111 Projetos interdisciplinares
111 A força das palavras
112 O leque aberto das várias versões
112 A articulação ampla de emoções e sentimentos
113 O valor terapêutico dos contos
117 Ideias de atividades

125 Considerações não tão finais: Um fio que nunca para de passar...

128 Referências

131 Bibliografia sugerida

APRESENTAÇÃO

Este livro foi pensado para todos aqueles que amam histórias e acreditam na potência das narrativas mágicas. Particularmente educadores, artistas e psicanalistas, criadores de mundos que, percorrendo a estrada do saber compartilhado, expandem a vida daqueles que estão à sua volta, fazendo reverberar lições diárias sobre o viver e o encantar.

As narrativas dos contos de magia e dos contos de fadas são de fato potentes ferramentas formativas. Constroem formas alargadas de legitimar nossas vidas e heranças humanas; portanto, são imprescindíveis para todos nós.

Convido você a viajar comigo pelas páginas deste livro, pensando junto as origens e implicações da necessidade humana de criar narrativas, utilizando para isso uma metodologia interdisciplinar que reúne estudos das áreas de sociologia, história, educação, arte e psicanálise. Assim, a proposta é questionar o sentido da transmissão dessas histórias que fazem parte de nossa humanidade, dos primórdios até os dias de hoje.

Os contos de fadas compõem a cartografia da minha vida desde que eu era muito pequena. Narram a trajetória de uma menina muito tímida e sonhadora que passava as tardes ouvindo histórias de uma tia-avó. Seguem comigo nas várias linguagens da arte, nas produções e oficinas de arte-educação, tornam-se tema de toda a minha carreira acadêmica, do mestrado ao pós-doutorado, e chegam hoje à minha clínica, à minha atuação como psicanalista. Para juntar essas experiências no livro, reuni pesquisas importantes de vários autores, que são citados ao lado da minha própria investigação acadêmica sobre o assunto. Ela se inicia no mestrado, que começa em 1987, no departamento de Performance Studies, Tisch School of the Arts, da New York University; passa pelo PhD em Artes Interdisciplinares na Steinhardt, na mesma universidade, concluído em 1993; e se estende em um pós-doutorado em 2014. Ainda hoje esse estudo cresce todos os dias, fermentado em teorias da filosofia, da arte-educação e da arte-terapia, e, mais recentemente, inclui um mergulho no estudo e na prática da psicanálise, onde essas histórias se tornam um modo privilegiado de pensar e viver a linguagem. Para mim, os contos maravilhosos são um verdadeiro projeto de vida, que se alarga num fio muito comprido e maleável que não para de passar e de se emaranhar em muitos aspectos da vida humana. Nessa trajetória, durante todo o processo das minhas pesquisas, sempre tive a companhia de autores fundamentais, como Jack Zipes, Maria Tatar, Donald Haase, Ruth B. Bottigheimer, Marina Warner, Alan Dundes, Angela Carter, Bruno Bettelheim, Marie-Louise von Franz, Joseph Campbell, Vladimir Propp, Marina Colasanti, Nelly Novaes Coelho, Diana e Mário Corso, Luís da Câmara Cascudo. Também busquei costurar relações entre contos de fadas e psicanálise utilizando conceitos de Sigmund Freud, Carl Jung, Jacques Lacan, Donald Winnicott e Christopher Bollas, além de escritos de criadores, poetas e artistas que deram e têm dado ao conto de fadas uma vida própria, singular e potente.

Então, o que você vai encontrar dentro do livro? Cada capítulo enfoca um aspecto que permite expandir conceitos, ideias e ações práticas em relação aos contos de fadas. No primeiro capítulo, falo sobre a necessidade humana de histórias. No segundo, apresento os vários aspectos de análises ou as várias possibilidades metodológicas que envolvem o estudo dos contos de fadas. Em seguida, convido você a "viajar" na história e nas origens dos contos, e, então, adentrar as possibilidades de uso deles na educação, na arte, na vida.

Nos capítulos finais, analiso os prós e contras dessas narrativas e parto para a prática, pensando numa caixa de ferramentas para experiências com contos de fadas na sala de aula. Finalmente, fecho o livro de um modo a deixar páginas entreabertas... Há sempre o que refazer e reinventar na produção dessas histórias mágicas!

Que esse fio também te enlace e te abrace nas aventuras de narrar!

PARA COMEÇAR, AS PERGUNTAS FUNDAMENTAIS

Por que ainda lemos contos de fadas?
E por que apresentá-los às crianças?

> *Um dia você terá idade suficiente para começar a ler contos de fadas novamente.*
>
> C. S. Lewis

Ainda ouvimos e lemos contos de fadas e sempre o faremos enquanto formos parte do que chamamos humanidade! E por quê? Enumerei aqui três motivos muito relevantes:

1. Contos de fadas fazem parte de uma importante herança humana, construída pouco a pouco desde os primórdios, com o intuito de adequar nossos desejos e necessidades à realidade em que vivemos.

Antes mesmo de terem esse nome, nasceram em sua forma oral, já na Era Neolítica, assim que os *Homo sapiens* passaram a aprender formas de se comunicar de forma verbal. As narrativas contadas e propagadas, geralmente em tribos e grupos coletivos, nas pausas das caminhadas em busca de comida, de abrigo e de climas mais amenos, nos momentos de descanso em volta das fogueiras ou nas cavernas, retiravam matéria-prima da realidade dura e quase sempre perigosa em que se vivia e eram envolvidas em formas de encantamento que compensavam as durezas da realidade concreta.

Imagine como o destino de duas crianças largadas na floresta pelos pais, que não tinham como alimentá-las – o que era algo comum, sobretudo até a Idade Média –, deu corpo ao clássico conto "João e Maria", com a aparição de uma casa de doces e a vitória sobre uma bruxa má que escondia um grande tesouro. Esse é o processo de compensação que deu a ignição para a formação de muitos contos de magia (depois chamados contos de fadas, a partir do momento em que se tornaram literatura).

Veremos com mais detalhes essa história dos contos, que faz deles uma longa, ininterrupta e primordial herança humana, que se transforma e, ao mesmo tempo, permanece entranhada em nossas mentes e corações.

2. Contos de fadas contêm estruturas simbólicas importantes que são "caixas de ferramentas" para a compreensão dos comportamentos que moldam e sempre moldaram a civilização e os seres humanos através dos tempos.

Podemos pensar que existem dois caminhos para analisar os contos. Por um lado, há a espinha dorsal, ou o esqueleto, que é a parte consistente e que caracteriza o tipo ou o motivo a que pertence um determinado conto, e é como um caroço de fruta. Veremos como essa estrutura universal ganhou estudos sistemáticos por parte de antropólogos, sociólogos e folcloristas, recebendo classificações – como o ATU (sigla derivada da inicial dos autores Aarne, Thompson e Uther) ou o alfabeto estruturalista do pesquisador russo Vladimir Propp, no início do século XX (veja mais nas páginas 24-27).

A espinha dorsal, ou o motivo do conto, trabalha com valores arquetípicos, com desejos e dificuldades humanas que são intrínsecos a todos nós, independentemente da época, do lugar, do gênero, da classe social ou econômica.

E essa estrutura é justamente o que a psicanálise e a psicologia analítica utilizam para interpretar as histórias.

Por outro lado, há diferentes formas de contar uma mesma história, em diferentes versões, que se modificaram ao longo do tempo e do espaço, espelhando o fato de a civilização humana estar sempre em movimento e refletindo valores singulares que regem uma determinada cultura.

Essas variantes distinguem valores morais, éticos, estéticos, culturais, econômicos e políticos que carimbam aquela forma de contar e escrever a história. Estudiosos como Jack Zipes, Alan Dundes, Ruth Bottigheimer e Marina Warner, que apresentarei mais à frente, escreveram muito sobre como diversas formas de contar um mesmo conto de fadas dão corpo a códigos de comportamento específicos.

Temos aqui dois modos muito importantes de pensar e ensinar a partir dos contos de fadas.

3. Contos de fadas são narrativas fundamentais para refletir sobre o processo de amadurecimento de todo ser humano.

Esse processo refere-se ao que o estudioso norte-americano Joseph Campbell chamou de "a jornada do herói" (ou da heroína). Trata-se de considerar a trajetória da vida humana como uma travessia, na qual é preciso transpor obstáculos, vencer dificuldades, identificar perigos, aprender a receber ajuda, a se cuidar e, finalmente, a deixar um legado.

Ainda que todos atravessem essa jornada, identificamos o uso dos contos de fadas na infância por conta de suas potencialidades de espelhar símbolos claros de conduta e oferecer exemplos recheados de fantasia, nos quais as crianças podem se ver refletidas.

É importante lembrar que os contos de fadas não foram inicialmente narrativas pensadas para crianças. Surgiram muito antes da invenção da infância, como veremos adiante. No entanto, foram adaptados de forma rápida à educação infantil, pois atendem justamente às possibilidades de serem usados como uma espécie de manual para transmitir valores socioculturais.

De fato, ainda que não tenham surgido como narrativas infantis, os contos estão quase sempre narrando a transformação de um determinado personagem, que é o herói, a heroína, o protagonista da história – seu processo de amadurecimento. E ele acontece a partir de um caminho, uma jornada, envolvendo dificuldades, ataques, ajudas (muitas vezes mágicas), até que se atinja um famoso "feliz para sempre". Trata-se de uma finalização simbólica que autores, como o mitólogo Joseph Campbell, estudaram profundamente.

Nas estruturas que se organizam pela narrativa afora – a situação inicial, o conflito, a ajuda mágica e a superação ou resolução até o "felizes para sempre" –, o personagem central é sempre modificado.

Cabe perceber a magia, o mistério e, por que não?, o que há de sagrado na história – e que foi, de certo modo, preservado no decorrer do tempo. Aí residem, fundamentalmente, chaves para possibilidades de crescimento e de entendimento sobre nosso funcionamento como seres humanos.

Por que precisamos de histórias?

Não é possível determinar com precisão o momento em que o ser humano começou a contar histórias, mas as pesquisas atuais apontam para o fato de que, desde os primórdios da vida do *Homo sapiens*, sempre existiu um desejo de criar narrativas que dessem sentido à existência. É justamente a partir do fio do sentido que se desenrolam as muitas narrativas inventadas pelo ser humano.

"A arte existe porque a vida não basta", escreveu o poeta e artista Ferreira Gullar. O filósofo alemão Friedrich Nietzsche e o poeta português Fernando Pessoa, entre muitos outros, também disseram isso com suas próprias palavras. Na verdade, os primeiros filósofos de que se tem notícia já pensaram a arte como uma forma de alargar e aprofundar os sentidos da própria vida.

Todos esses pensadores se referem à necessidade humana de inventar narrativas para transcender os limites, às vezes tão duros, da realidade cotidiana, abrindo espaço para o sonho e a magia, expandindo os limites desenhados pelas dificuldades da vida.

Essa construção, na prática, toma corpo na chamada Revolução Cognitiva, que acontece durante o período Neolítico, quando nossos antepassados iniciam o processo de comunicação verbal – da emissão de sons verbais e da gestualização para uma fase de aquisição simbólica da fala. Nesse momento, eles já começam a criar histórias.

As narrativas surgem para dar conta de várias necessidades: contar fatos do cotidiano, lidar com questões práticas, como alimentação, descanso, reprodução, proteção contra ataques de animais selvagens, mas também para criar modos simbólicos de ultrapassar o medo, a dor, as dúvidas e os traumas. Então, junto com a comunicação gerada para dar conta dos assuntos da realidade, surgem as narrativas mágicas, que poderiam suprir dores e perdas (às vezes insuportáveis) e, assim, fazer com que a vida pudesse ter mais sentido.

É então que entra, por exemplo, a ideia de compensação da menina que sofre abusos terríveis de uma madrasta e das meias-irmãs, mas que chama a atenção do belo e poderoso príncipe, que se apaixona por ela, a salva e a torna sua princesa!

Ainda que outros hominídeos tenham convivido com os *Homo sapiens* no mesmo período – o homem de Neandertal é o mais conhecido entre eles – e que tenham desenvolvido meios de vida prática sofisticados, como pentes de ossos de animais para os cabelos, e até realizado formas de arte e artesanato rupestre, apenas nossos antepassados *sapiens* adquiriram um modo amplo de lidar com o tempo, que vai além do presente, do aqui e agora, e um jeito próprio de pensar na vida para além da vida.

Nas paredes das cavernas, as pessoas pressionavam as mãos e sopravam pó com pigmentos coloridos para deixar suas marcas, já pensando em questões como a efemeridade, o desejo de criar memória e a hereditariedade. Nas junções entre pessoas, em volta de uma roda ou de uma fogueira, surgiam os primeiros contos de magia, nos quais cada um "contava um conto e aumentava um ponto".

É interessante pensar no fogo como elemento de ignição para a criatividade e para as histórias. De fato, nesse acontecimento que envolve a fogueira, a contação de histórias e as pessoas em ação está sintetizada a potência da vida, que se atualiza, como se atualizam os contos.

Se a vida era dura – e era –, ao menos nos contos, naquelas histórias inventadas, uma menina maltratada e pobre poderia ser salva por um ajudante mágico, ou crianças perdidas na floresta escura, prestes a serem devoradas por animais selvagens, poderiam encontrar uma casa feita de doces e um tesouro escondido por uma bruxa (que seria delas, no final).

Na verdade, esse enfrentamento simbólico da realidade por meio da invenção de histórias está no cerne de todos os contos de fadas. Ou melhor, de todos os contos de magia, incluindo aqueles da tradição oral. Mas esse processo de transição entre o conto da tradição oral e o conto de fadas literário só começaria no século XVII, como veremos.

COMO ESTUDAR E PENSAR OS CONTOS DE FADAS?

Os contos de fadas começam com conflitos, porque nós começamos a vida com conflitos. Somos todos desajustados para o mundo, ainda que de alguma forma precisemos nos encaixar nele, encaixar-nos com outras pessoas, e portanto precisamos inventar ou encontrar modos de nos comunicar para satisfazer e resolver conflitos, desejos e instintos.

Jack Zipes

Existem muitos caminhos a trilhar numa análise dos contos de fadas, cada um com sua perspectiva de estudo particular: a perspectiva sócio-histórica, a da psicanálise freudiana, a da psicologia analítica junguiana, a perspectiva feminista, a folclórica e a estruturalista, além da perspectiva da comunicação social, que analisa o uso dos contos como artefatos culturais. Também podemos falar sobre uma perspectiva educativa, que pretende pensar os contos como textos plenos de potência, atuando como uma "caixa de ferramentas" na construção e formação de uma educação humanista. Ainda que seja essa perspectiva aquela sobre a qual nos concentramos aqui, é importante conhecermos um pouco os tantos "modos de usar" que as histórias ou os contos de fadas oferecem.

A perspectiva sócio-histórica debruça-se sobre a variedade da riqueza humana que são os contos, seus diferentes contextos e versões. A ideia fundamental é entender como as versões singulares são fruto de uma época e de uma determinada cultura, caracterizando comportamentos e formas de pensar e sentir. Para enriquecer essa perspectiva, utilizo as pesquisas de estudiosos como Jack Zipes, Donald Haase, Marina Warner e Ruth Bottigheimer.

Jack Zipes, norte-americano, professor emérito do Departamento de Literatura da Universidade de Minnesota, é o grande precursor dos estudos sobre contos de fadas e contos folclóricos no contexto acadêmico. Depois de defender seu doutorado em literatura comparada em 1965, Zipes tem se dedicado extensivamente a essa pesquisa, publicando dezenas de livros e se tornando a grande referência teórica na área, inclusive para meus próprios estudos.[1]

Donald Haase, professor emérito de língua alemã da Wayne State University, dedica-se também aos estudos culturais ligados aos contos de fadas e é autor da *The Greenwood Encyclopedia of folktales and fairytales* [A Enciclopédia Greenwood de contos populares] (Haase, 2008), na qual sou colaboradora, com os verbetes dedicados à dança e aos contos de fadas.

Marina Warner é uma escritora e crítica cultural inglesa, pesquisadora do All Souls College (Oxford), *fellow* do Lady Margaret Hall (Oxford) e da Royal Society of Literature da Academia Britânica. Seus livros se propõem a percorrer a história dos contos de fadas e, sobretudo, a pensar o lugar concedido à mulher no contexto sócio-histórico desses contos.

Ruth Bottigheimer é escritora e folclorista, professora e pesquisadora no Departamento de Inglês da Stony Brook University, State University of New York, onde se especializou em contos de fadas europeus. Bottigheimer também discute o papel da mulher na escrita e no protagonismo das

---

[1] As obras de Zipes têm sido a espinha dorsal para meu trabalho acadêmico desde meu mestrado, realizado no Departamento de Performance Studies, na Tisch School of the Arts, da Universidade de Nova York, em 1987, sobre adaptações contemporâneas do conto "A menina sem mãos", dos irmãos Grimm, realizadas pelo grupo feminino de dança/performance Kinematic. A pesquisa então se expandiu no doutorado para obras sobre "Barba Azul", de Pina Bausch, e "Cinderela", de Maguy Marin.

histórias, particularmente no seu mais recente livro, *Fairy tale, a new history* [Contos de fadas, uma nova história] (Bottigheimer, 2009). As teorias feministas ligadas aos contos de fadas concentram-se nas questões de gênero associadas às narrativas. Particularmente, há uma história crítica do uso dos contos para reforçar a sociedade patriarcal. Esse processo é muito evidente no modo como as protagonistas das histórias são em geral mulheres, mas sua posição é a da "espera do príncipe". Nos anos 1980, a psicóloga norte-americana Colette Dowling tornou-se *best-seller* com seu livro *Complexo de Cinderela* (Dowling, 2005), que analisava a tendência feminina de uma espera. Já Angela Carter, escritora inglesa, revolucionou o cânone das personagens femininas frágeis, apresentando os contos de maneira inovadora e radical. Em *The bloody chamber* [A câmara sangrenta] (Carter, 1979), por exemplo, ela se apropria de contos de fadas como "Chapeuzinho Vermelho" e "A bela e a fera", reconstruindo e reposicionando papéis do feminino, usando fortes elementos de violência e sexualidade. Uma referência clássica e importante nos estudos feministas ligados aos contos é Clarissa Pinkola Estés, que no início dos anos 1990 marcou uma nova etapa na pesquisa do feminino na tradição narrativa com seu *Mulheres que correm com os lobos: mitos e histórias do arquétipo da mulher selvagem* (Estés, 2018). Por meio de contos e de uma análise baseada na psicologia analítica junguiana, Estés (2018) investiga o que ela chama de "a natureza selvagem do feminino", que foi sendo perdida à medida que a sociedade foi domesticando-a e definindo os papéis sociais que iriam compor a sociedade patriarcal.

Os psicanalistas de linhagem freudiana lidam com motivos individuais dos contos em relação a questões de maturidade sexual ou social. O livro clássico da pesquisa dos contos de fadas em psicanálise é *A psicanálise dos contos de fadas* (Bettelheim, 1978), publicado em 1976 pelo austríaco Bruno Bettelheim, que se apresentou e atuou na clínica como psicólogo infantil durante muitos anos. Após sua morte, aos 86 anos, por suicídio, descobriu-se que Bettelheim não tinha qualificações acadêmicas necessárias para dirigir uma escola ou elaborar teorias sobre as causas do autismo em crianças. Ainda que hoje uma revisão de sua biografia tenha envolvido o autor em polêmicas, é inegável a importância desse estudo, que foi o primeiro a discutir os contos de fadas do ponto de vista da interpretação psicanalítica e traz contribuições muito interessantes para se pensar os sentidos das narrativas.

No Brasil, o casal de psicanalistas Diana L. e Mário Corso publicou o livro *Fadas no divã: psicanálise nas histórias infantis* (Corso; Corso, 2006), em que analisam de forma temática não apenas os contos de fadas tradicionais, mas toda uma gama de personagens e narrativas criadas para as crianças na indústria cultural moderna e contemporânea, como em *O Mágico de Oz, Ursinho Pooh, Pinóquio, Turma da Mônica, Peanuts* e *Harry Potter*. O livro atualiza, expande e, em certos momentos, se opõe às leituras psicanalíticas de Bettelheim, sendo mais sutil, fluido e poético, além de atualizar a análise psicanalítica, de modo a incluir um universo imaginário de personagens que dialogam com as crianças vivendo hoje.

Já os terapeutas junguianos, representantes da psicologia analítica, buscam discutir processos de individuação por meio dos contos de fadas, explorando o significado dos motivos nas diferentes culturas, em busca de representações arquetípicas, nas quais os personagens não representam apenas a si mesmos, mas passam a incorporar tipos universais, aludindo aos movimentos de individuação contidos nas histórias e às forças do *animus* (potência ou pulsão masculina, presente nos homens e nas mulheres) e da *anima* (potência ou pulsão feminina) que existem em seus personagens. Marie-Louise von Franz, analista e seguidora de Carl Jung, fundadora, em Zurique, do Instituto Carl Gustav Jung, foi a grande autora dos livros sobre contos de fadas mais importantes dessa linhagem de pensamento, analisando as narrativas nessa perspectiva, como *A individuação nos contos de fadas*, *Animus e anima nos contos de fadas* e *A sombra e o mal nos contos de fadas* (Von Franz, 1999, 2010, 2020).

Para trabalharmos os contos do ponto de vista educativo, vale a pena também entendermos um pouco da perspectiva do estudo do folclore e da perspectiva estruturalista, já que essas duas formas de pesquisar organizam e classificam os contos de modo a poderem ser sistematizados e comparados uns com os outros.

Do ponto de vista dos folcloristas, os contos populares e os de fada são estudados, definidos e classificados de acordo com os tipos ou motivos. Os mesmos tipos e motivos básicos, como o dos animais falantes, da floresta encantada, do pai libidinoso, da árvore mágica, são encontrados em histórias de diversos países, em diferentes épocas, e incluídos na mesma categoria. O sistema de classificação de contos mais amplamente utilizado é o Aarne-Thompson-Uther (ATU), que recebeu esse nome por haver sido criado pelo pesquisador finlandês Antti Aarne (1867-1925), traduzido e ampliado pelo folclorista norte-americano Stith Thompson e, finalmente, revisado em 2004 pelo também folclorista alemão Hans-Jörg Uther.

Na classificação ATU, os contos de fadas ou contos de encantamento estão listados do número 300 ao 749 e divididos segundo unidades temáticas, ou seja, a identificação de cada conto se baseia no tipo de enredo e no tipo de personagem que ele contém. Para começar, Aarne e Thompson agruparam os contos de fadas em quatro grupos maiores: "contos de animais", "contos propriamente ditos", "facécias ou anedotas" e outros contos que não se encaixam em nenhum dos grupos anteriores. Esses grupos maiores subdividem-se mais uma vez, por exemplo: há novecentos tipos de "contos propriamente ditos" (identificados com os números entre 300 e 1.199), os quais se subdividem em "contos de fadas ou de encantamento", "contos de fadas legendários ou religiosos", "contos de fadas novelísticos" e "contos de fadas sobre o gigante, ogro ou diabo logrados".

Os "contos de fadas ou de encantamento" (300-749), por sua vez, dividem-se em "contos com opositor sobrenatural", "contos com cônjuge (ou outro parente) sobrenatural ou enfeitiçado", "tarefa sobrenatural", "ajudante sobrenatural", "objeto mágico", "poder ou conhecimento mágico" e contos com "outros elementos mágicos". Finalmente, esses grupos menores subdividem-se em grupos que envolvem aliados e adversários sobrenaturais, esposa (ou esposo) sobre-humana ou encantada, tarefas sobrenaturais, objetos mágicos, poderes ou sabedoria sobrenaturais, entre outros.

Para além daqueles que conhecemos como contos de fadas tradicionais, ainda são classificados os "contos de fadas religiosos ou legendários" (750-849), que são contos com elementos (protagonistas, episódios, referências etc.) extraídos do âmbito da religião cristã, como é o caso de "A donzela que não tinha mãos" (AT706), "As moedas-estrelas" (AT779), "O pobre e o rico" (AT750A) e "A duração da vida" (AT173 e AT828).

Há também os "contos de fadas novelísticos" (850-999), cujo enredo gira em torno de circunstâncias curiosas ou inusitadas, chegando em muitos casos a dispensar por completo o elemento mágico ou sobrenatural. E, finalmente, os "contos sobre o gigante, ogro ou o diabo logrados" (1.000-1.199) são aqueles em que o protagonista recorre à astúcia e inteligência para enganar algum oponente monstruoso, que pode ser um gigante, um ogro, o diabo ou outro ser maléfico desse porte.

Às vezes, o índice ATU é combinado, num sistema de remissão recíproca, a outros índices, como o KHM (Kinder und Hausmärchen – contos de fadas domésticos), referente aos contos da coleção dos irmãos Grimm. Nela, cada conto recebe um número que se aplica à ordem na qual ele é listado na coleção KHM, isto é, "Rapunzel", por exemplo, é classificado como KHM 12 e corresponde ao tipo ATU310, no qual recebe o título "A donzela da torre".

Outra abordagem relevante para nós aqui é a estruturalista, fundada na década de 1920 pelo pesquisador russo Vladimir Propp. Em sua *Morphology of the folktale* [Morfologia do conto maravilhoso] (Propp, 1990), publicada em 1928, Propp analisou os contos de fadas de acordo com suas funções, isto é, temas ou sequências particulares de fatos que organizam a narrativa. Propp desenvolveu um sistema de símbolos, usando letras gregas e do nosso alfabeto (às vezes seguidas de índices numéricos), para determinar cada função pela qual os heróis e outros personagens passam na história.

Por exemplo, a função "α" (Alfa) significa uma situação inicial; "A" simboliza um dano ou maldade dirigida contra o herói ou a heroína. A partir daí, Propp estabeleceu um estudo sintagmático, analisando diferentes contos conforme suas estruturas morfológicas particulares, e um estudo paradigmático descrevendo as funções presentes em todas as histórias. Propp definiu os contos de fadas de acordo com o arranjo de suas funções, das introdutórias às finais. A sequência de funções começa com um ato de vilania ou com uma falta, desenvolve-se por meio de uma série de funções intermediárias variáveis e termina no casamento, ou com outras funções empregadas como desfecho, por exemplo uma recompensa, uma vitória, o fim da desventura ou a evasão a uma perseguição. Ele deixa claro, no entanto, que algumas dessas funções podem estar ausentes e outras se repetir em cada história.

Propp baseou seu trabalho num conjunto de aproximadamente uma centena de textos de contos de fadas russos da coleção escrita pelo folclorista Alexander Afanasyev. Sendo esses contos do tipo internacional, classificados com números ATU, é legítimo inferir que a análise de Propp se aplique a todos os tipos de contos de fadas. Assim, a obra de Propp é vista como um modelo para a análise estrutural dos contos.

Segundo a fórmula proppiana, a principal tarefa do herói é o afastamento do lar, a substituição da família original do personagem, por meio do casamento, pela própria família. Isto é, trata-se da formação de uma identidade e de um núcleo de vida próprios por parte do herói, que adquire maturidade.

A ESTRUTURA PROPPIANA:
PEQUENO RESUMO E GRÁFICO DAS 31 FUNÇÕES DO CONTO

Situação inicial
Descrição do herói e de sua família.

I
Afastamento: um dos membros da família sai de casa por trabalho, comércio, guerra, negócios.

II
Impõe-se ao herói uma **proibição**: surge uma adversidade sobre a família, antes feliz. O herói é proibido de fazer algo.

III
Violação: a **proibição é transgredida**. Aqui surge o antagonista, cujo papel é estragar a felicidade do protagonista.

VIII
O antagonista/adversário causa **dano** ou prejuízo a um dos membros da família do herói. Falta alguma coisa a um membro da família, que deseja obter algo. Aqui estamos no centro do conto.

IX
É divulgada a notícia do dano ou da carência; faz-se um pedido ao herói ou lhe é dada uma ordem; mandam-no embora ou deixam-no ir. O herói então é introduzido no conto.

X
O herói-buscador aceita ou decide reagir.

XI
Partida: o herói deixa a casa, momento no qual se iniciam suas aventuras. Ele sai pelo mundo e encontra um ajudante (muitas vezes por acaso). O herói recebe dele um objeto (geralmente um meio mágico) que lhe permite superar o dano sofrido.

XVI
O herói e seu antagonista se defrontam em **combate** direto: se ele vence o antagonista, ele recebe seu objeto de carência.

XVII
O herói é **marcado**.

XVIII
O antagonista é **vencido**.

XIX
O dano inicial ou a carência é reparado.

XXIV
Um falso herói apresenta **pretensões infundadas**.

XXV
É proposta ao herói uma **tarefa difícil**.

XXVI
A tarefa é **realizada**.

XXVII
O herói é reconhecido por uma marca ou pelo objeto conquistado.

As 31 funções podem ser agrupadas em sete esferas de ação, reunidas por personagens:

1ª esfera
O agressor
(o que faz mal)

2ª esfera
O doador
(o que dá o objeto mágico ao herói)

3ª esfera
O auxiliar
(que ajuda o herói no seu percurso)

Contos de fadas

IV	V	VI	VII
O adversário do herói procura obter uma **informação**: o **interrogatório** pode ser feito também pela vítima ao antagonista.	O antagonista ou adversário recebe **informações** sobre sua vítima.	**Embuste**: o adversário tenta ludibriar sua vítima para apoderar-se dela ou de seus bens. O antagonista se disfarça, usa magia, suborna ou cria artifícios para enganar a vítima.	A vítima se deixa enganar, sendo involuntariamente **cúmplice** de seu inimigo, ou adversário (as proibições são sempre desobedecidas).

XII	XIII	XIV	XV
O herói é submetido a uma **prova**, a um questionário, a um ataque etc., que o prepara para receber um meio ou um **auxiliar mágico**: o herói recebe uma prova do provedor, ou um pedido desafiador de alguém, ou passa por ataques.	O herói reage diante das **ações do futuro doador**: responde aos pedidos (sim ou não). Ele falha no desafio ou o supera. Ele vence ou não os ataques etc.	O **meio mágico** passa às mãos do herói: o herói consegue um animal mágico ou objeto mágico por acaso ou por meio de um presente, recompensa, roubo, consumo (comida/bebida), compra, personagens que oferecem serviços etc.	O herói é transportado, levado ou conduzido ao lugar onde se encontra o objeto que procura: geralmente o que ele procura se encontra longe (**deslocamento entre reinos**). Esse objeto não é o objeto mágico que o auxilia, e sim o objeto de sua carência.

XX	XXI	XXII	XXIII
Retorno do herói.	O herói sofre **perseguição**.	O herói é **salvo da perseguição**.	O herói **chega incógnito** a sua casa, seu reino ou a outro país.

XXVIII	XXIX	XXX	XXXI
O falso herói ou antagonista é **desmascarado**.	O herói recebe **nova aparência**.	O inimigo é **castigado**.	O herói se **casa e sobe ao trono**.

4ª esfera	5ª esfera	6ª esfera	7ª esfera
A princesa e o pai (não tem de ser obrigatoriamente o rei)	O mandador (aquele que manda)	O herói	O falso herói

Como estudar e pensar os contos de fadas?

A ORIGEM

Onde tudo começou?
Ou o que seria um "conto original"?

Alguns dos contos datam de eras muito anteriores ao início dos registros literários e são também anteriores à mitologia clássica – certas versões de contos de fadas aparecem em textos gregos e latinos clássicos – mas nossas pesquisas sugerem que sejam muito mais antigos do que eles.

Jamie Tehrani

Sabemos que é muito difícil precisar com exatidão onde e como os *Homo sapiens sapiens* começaram a criar contos de magia. Na verdade, há opiniões divergentes sobre a origem dessas histórias, muitas delas incrivelmente semelhantes, ainda que contadas por povos distantes entre si física e culturalmente. Para alguns pesquisadores, as similaridades nos motivos ou enredos vêm do fato de abordarem questões comuns à condição humana. As narrativas lidam consistentemente com as dificuldades e os dilemas de todo ser humano, como a luta do bem contra o mal, o certo e o errado, o humano e o não humano. Outros defendem que elas surgiram num momento e cultura específicos, se espalhando pelo planeta com a própria expansão dos *Homo sapiens* sobre a Terra, conforme pequenos grupos ou bandos foram se deslocando e fazendo contato com outros, alargando a comunicação entre diferentes povos. Nesse sentido, os contos se alastraram e foram ganhando jeitos próprios e características singulares à medida que eram recontados.

Mas é muito interessante e importante perceber que cada vez mais pesquisas acadêmicas atestam o surgimento das narrativas em datas mais antigas, remontando o início da contação de histórias aos primórdios da comunicação humana.

Um estudo realizado em 2015 pela pesquisadora Sara Graça da Silva, da Universidade Nova de Lisboa, Portugal, e por Jamie Tehrani, antropólogo da Universidade de Durham, no Reino Unido, mostra que ao menos algumas das histórias por trás dos contos de fadas teriam até 6 mil anos, pertencendo à chamada Idade do Bronze, datando de cerca de 3000 a.c. Isso significa localizar um conto de fadas numa cronologia ainda mais antiga do que aquela atribuída à mitologia grega (Silva; Tehrani, 2016).

Para realizar o estudo, os pesquisadores lançaram mão da filogenética, uma ferramenta normalmente usada em análises de biologia evolucionária. Ela permite comparar espécies diferentes, porém relacionadas, para montar um tipo de árvore genealógica até chegar a um provável ancestral comum entre as narrativas no passado. E foi exatamente o que eles fizeram com as histórias dos contos de fadas, já que, como os seres vivos, elas evoluíram com o tempo, sofrendo mutações e cruzamentos diversos no caminho da formação das culturas e linguagens indo-europeias. Com base na estrutura das narrativas e palavras usadas, eles puderam então remontar o que seriam as versões mais antigas dos contos de que se tem registro.

Ao todo, analisaram 275 histórias presentes em cinquenta populações que falam línguas de origem indo-europeia atualmente, todas pertencentes à categoria de "contos de magia" no sistema de classificação ATU. Segundo eles, a razão dessa escolha está no fato de esses contos, com a presença de seres ou objetos com poderes mágicos, representarem a categoria mais amplamente difundida de histórias, além de incluírem muitas narrativas icônicas, de "Rapunzel" a "Cinderela", passando por "A bela adormecida", "Aladim", "A princesa e o sapo" e "Ali Babá e os quarenta ladrões".

Dessa coleta, Sara e Tehrani conseguiram montar árvores filogenéticas confiáveis de 76 contos, reconstruindo sua origem regressivamente no tempo, nos principais ramos das famílias de línguas indo-europeias, com uma menor precisão. Assim, a única história falada há 6 mil anos, a mais antiga encontrada por eles, foi uma história de folclore chamada "O ferreiro e o diabo" ("The smith and the devil", em inglês), sobre um ferreiro que vende a alma em um pacto para ganhar superpoderes, um conto pouco conhecido hoje. Já "O menino que roubou o tesouro do ogro", origem das narrativas do estilo "João e o pé de feijão", teve sua ancestralidade confirmada pelo estudo até antes da divisão dos ramos germânico, itálico e celta dos idiomas indo-europeus há mais de 5 mil anos. "A bela e a fera", por sua vez, teve sua história retraçada ao menos até as línguas protolatinas, o que localiza sua idade em cerca de 4 mil anos.

O que o estudo demonstra, para além da longevidade dos contos, é o fato de as histórias terem sobrevivido a quase toda a história humana, mesmo sem terem sido escritas. Eram narrativas orais, contadas antes de o inglês, o francês ou o italiano existirem, provavelmente em uma língua indo-europeia já extinta.

Mas é importante pensar que esses contos, feitos para adultos (ou para todos, sem distinguir crianças), com conteúdo permeado de violência e erotismo, e que foram criados e moldados para dar conta de problemas e de desejos humanos, só se tornaram contos de fadas, como hoje os pensamos, a partir de três outras invenções: a da escrita, a das fadas e, sobretudo, a da infância.

Marie de France, a pioneira

Se pudermos pensar as histórias dos contos desde o início, no momento em que criamos narrativas orais percebemos que esse é um carretel muito grande, com fios que não param de passar.

Se pontuarmos a literatura, desde os manuscritos medievais, percebemos um movimento em direção à sofisticação dessas histórias, que já não estão mais apenas na linguagem oral, na boca do povo, mas passam também a ser registradas pelas pessoas que tinham domínio da escrita. É importante aqui lembrar que somente uma porção muito diminuta das camadas sociais nobres e abastadas tem domínio da escrita nessa época – pouquíssimos nobres, o clero e os monges que passam a vida sendo copistas, escritores.

Uma das narrativas paradigmáticas desse universo é *La chanson de Roland* [A canção de Roland], uma obra que narra um amor cortês medieval e as lutas das tropas do rei Carlos Magno contra os pagãos no século XI. Trata-se de uma obra anônima que foi muito difundida e adaptada na história.

Os *lais* (poemas) e os *isopets* (pequenas fábulas) escritos por Marie de France (1160-1215) também podem ser considerados ancestrais

A poeta e escritora Marie de France

dos contos de fadas. Não se sabe muita coisa sobre Marie: aparentemente nasceu na França, conhecia o latim, é muito provável que tenha lido os clássicos da literatura greco-romana e viveu na Inglaterra, onde escreveu entre 1160 e 1178 seus assim chamados *lais, que eram* séries de poemas narrativos curtos escritos em anglo-normando, focados em geral na glorificação dos conceitos do amor cortês por meio da descrição das aventuras de um determinado herói.

Marie de France era filha de Eleanor de Aquitânia, que foi rainha da França e mais tarde da Inglaterra, onde viveu até sua morte em 1204. Como herdeira da Casa de Poitiers, que controlava grande parte do sudoeste da França, Eleanor era uma das mais ricas e poderosas mulheres na Europa Ocidental durante a Alta Idade Média. Culturalmente, foi patrona de poetas medievais, como Wace, Benoît de Sainte-Maure e Bernart de Ventadorn, e das artes da Alta Idade Média. Durante o período em que viveram em Poitiers, na França, Eleanor e sua filha Marie encorajaram as ideias dos trovadores, do cavalheirismo e do amor cortês.

Sua importância literária tem sido reconhecida na atualidade, momento em que várias autoras têm ganhado voz. Marie de France escreveu ainda dois *lais* sobre o rei Artur e os cavaleiros da Távola Redonda ("Lanval" e "Chevrefoil"), ajudou a criar o ambiente do *Ciclo Arturiano* e abriu caminho para que no século XIII os romances do rei Arthur proliferassem, acompanhados de toda a mitologia que os rodeia.

Outro de seus mais conhecidos poemas é o "Lai de Fresno", que conta a história de um príncipe que demanda provas de amor a sua nova esposa. Esse motivo aparece no *Decame-*

rão, de Boccaccio, com a história de Griselda e, posteriormente, é adaptado num conto de Charles Perrault, "Griselidis".

No século XIV é publicado o *Decamerão*, de Giovanni Boccaccio, escrito entre 1348 e 1353. São cem contos narrados entre sete moças e três rapazes em Florença durante a peste negra. Os vários contos de amor da obra vão do erótico ao trágico e, para além de seu valor literário, fornecem um importante documento da vida na época, inaugurando o realismo literário.

Com a invenção da prensa móvel pelo alemão Johannes Gutenberg (1398-1468), por volta de 1439, e com as Grandes Navegações, começamos a trazer do Oriente uma importante tradição dos contos de origem árabe. Os mais conhecidos são *As noites árabes*, que chegam por meio dos viajantes e que causam um furor na Europa. Esses contos vão caracterizar a chamada "narrativa moldura", um tipo de texto que tem várias narrativas dentro dele. Em *As noites árabes* ficamos sabendo que o rei Shariar sofre uma traição e, tomado pelo ódio, mata a esposa. Sucessivamente, ele se casa com outras moças da corte para matá-las na manhã seguinte, até que sobram apenas duas irmãs. Uma delas é Sherazade, uma exímia contadora de histórias que, antes de ser morta, pede ao rei para contar uma história para a irmã. Como ela não termina a história, desperta a curiosidade de Shariar. A contação se prolonga até a 1.001ª noite, quando o rei já está totalmente apaixonado por Sherazade e se casa com ela. Dentro dessa moldura ficamos conhecendo as outras histórias, que são aquelas contadas por Sherazade.

A descoberta desse texto será de extrema importância no Ocidente. Antoine Galland, um orientalista e viajante, tornou-se antiquário do rei Luís XIV, fornecendo-lhe documentos antigos a partir do final do século XVII. Ele foi o primeiro ocidental a traduzir para o francês o *Livro das mil e uma noites*, ou *As noites árabes*, entre 1704 e 1717. A partir de então, a obra se tornou uma narrativa exemplar para a literatura ocidental, sendo escrito e readaptado sucessivamente por vários autores.

A obra *Noites agradáveis*, de Gianfrancesco Straparola, também é uma narrativa moldura que contém versões antigas para vários contos de fadas que conhecemos hoje. O livro foi escrito entre 1550 e 1553, contendo 75 histórias, nas quais damas e cavalheiros narram contos uns para os outros, durante treze noites. Aqui já se encontra, por exemplo, uma versão do conto "A bela e a fera", anterior aos de madame de Villeneuve e de madame de Beaumont, que são do século XVIII. O texto de Straparola, carregado de tons eróticos, está ainda muito distante da ideia de contos de fadas para crianças.

Seguindo essa tradição, há *O pentamerone*, ou *O conto dos contos*, de Giambattista Basile, que foi escrito posteriormente em dialeto napolitano. Em cinco noites, vários contos de fadas são narrados, dando origem aos textos que se conhecem hoje. As histórias d'*O pentamerone* foram coletadas por Basile e publicadas de maneira póstuma em dois volumes por sua irmã Adriana, em Nápoles, em 1634 e 1636. Nas narrativas encontram-se as raízes dos contos de fadas como "Cinderela", "Rapunzel", "O gato de botas", "A bela adormecida" e "João e Maria", que depois seriam recontadas por Charles Perrault e adaptadas pelos irmãos Grimm.

Mas é importante frisar que até então não se conheciam os contos de fadas como conceito ou gênero literário. Eles começaram a ganhar forma na Europa da segunda metade do século XVII, principalmente a partir do contexto da França barroca, quando *la mode des contes de fées* [a moda dos contos de fadas] se tornou passatempo da corte do rei Luís XIV. Tratava-se da adaptação de contos que os nobres ouviam na cama, antes de dormir, na voz de seus serventes. Eles costumavam pedir a leitura de narrativas rebuscadas, cheias de lições de moral e de regras de comportamento próprias do universo aristocrático. Dizem que o próprio Rei Sol, apelido do monarca absolutista Luís XIV, era viciado em ouvir contos de seus empregados antes de dormir. Para se ter uma ideia, nesse período do auge da moda dos contos, entre 1690 e 1715, na França, foram criados mais de cem contos de fadas, a maioria escrita por mulheres.

Madame D'Aulnoy e a invenção das fadas

Na verdade, quem inventou o termo "conto de fadas" para definir o gênero foi Marie-Catherine Le Jumel de Barneville, a madame D'Aulnoy, uma frequentadora dos salões literários que criaram *la mode des contes des fées*, inventando um modismo em que narrativas eram tratadas em estilo barroco e adornadas com fadas e seres mágicos. A vida e a obra de madame D'Aulnoy estão profundamente ligadas a esse momento dos salões e do reinado de Luís XIV, quando inventar contos de fadas toma corpo como uma forma de vida e de ocupação para essas mulheres. Na apropriação do gênero e suas modificações pelo escritor Charles Perrault, esse tipo de conto vai

Marie-Catherine Le Jumel de Barneville (madame D'Aulnoy)

se tornar um modelo fundamental de narrativa replicado até hoje.

A condessa D'Aulnoy fazia parte do grupo das chamadas "preciosas", mulheres cultas consideradas muito modernas para a época que mergulharam na arte da escrita, criando contos singulares, muitas vezes reforçando padrões de refinamento e sofisticação, e os divulgando em salões literários que organizavam em Paris. A condessa foi autora do primeiro conto de fadas literário de que se tem notícia, chamado "A ilha da felicidade", escrito em 1690 dentro de um romance intitulado *História de Hipólito, Conde de Duglas*, sete anos antes da compilação *Histórias da Mamãe Gansa*, de Charles Perrault. No entanto, pesquisadores como Ruth Bottigheimer consideram que uma história como "A ilha da felicidade" não seja exatamente um conto de fadas, e sim uma novela, mais longa, que usa fadas como uma espécie de reescrita de antigos mitos greco-romanos. De todo modo, é interessante descobrir a origem do termo, que, a partir de então, passou a permear a história da infância ocidental por séculos.

Paulo César Ribeiro Filho, doutor em literatura pela Faculdade de Filosofia, Letras e Ciências Humanas da Universidade de São Paulo (FFLCH-USP), na tese *Madame d'Aulnoy e o conto de fadas literário francês do século XVII* (Ribeiro Filho, 2023) discute as diferenças entre os tipos de contos de fadas utilizando duas subcategorias: contos de fadas *stricto sensu* e *lato sensu*. Ribeiro Filho explica que os contos de fadas, tais como foram criados por madame D'Aulnoy, continham propriamente fadas como personagens das histórias. A esses contos ele dá o nome de contos de fadas *stricto sensu*. Já os contos de fadas como gênero, que não contêm fadas nos enredos, seriam chamados de contos de fadas *lato sensu*.

Apesar de os contos de Marie-Catherine D'Aulnoy serem, na maioria das vezes, muito longos para os nossos padrões do que se tornariam os contos de fadas dali em diante, eles são muito interessantes, assim como sua própria vida. Ela se casou aos dezesseis anos de idade com um barão trinta anos mais velho e com fama de beberrão, e por meio dele recebeu o nome D'Aulnoy. Com a ajuda da mãe, anos mais tarde, resolveu se livrar do marido, criando uma conspiração que o incriminava de traição ao rei. Com isso, o barão foi preso por três anos na Bastilha, em Paris. No entanto, quando conseguiu finalmente provar sua inocência, foi madame d'Aulnoy quem teve de fugir. Ela passou então a viajar pela Europa, até que, em 1690, conseguiu voltar à França e inaugurar seu salão literário, que se tornaria um dos mais concorridos de todo o país.

Na verdade, o conto de fadas mais conhecido escrito por uma mulher – o único a se tornar um clássico – é "A bela e a fera", transformado em texto literário primeiramente por Gabrielle Suzanne Barbot de Villeneuve, em 1740. Escrito para adultos, com cerca de cem páginas, longo e cheio de detalhes, evidenciava o mundo aristocrático da época, esmiuçando um modo de vida típico francês. Em 1757 o mesmo conto "A bela e a fera" ganhou uma versão mais concisa e popular, assinada por Jeanne-Marie Leprince de Beaumont, que é a mais conhecida hoje, adaptada pelos estúdios Disney em filme e escrita e encenada em diversas versões e mídias.

Trata-se de uma história muito rica e potente, porque, além de ressaltar outros tipos de beleza que podem existir em um ser humano para além de sua aparência física, serve de forma perfeita para acomodar as angústias das meninas, comumente prometidas a homens bem mais velhos – ainda que ricos – em casamentos arranjados pelas famílias da corte ou da alta burguesia.

Charles Perrault e suas moralidades

Mas por que o termo "fadas" aparece no tipo de conto de magia literário? A definição desse termo tinha, antes de tudo, o intuito de diferenciar os contos populares de magia, contados pelos camponeses, sem acesso a uma educação literária, dos contos de uma elite letrada, que criou um modo muito próprio de escrever e publicar seus contos barrocos. As fadas são elementos do folclore europeu ocidental surgidos na criação poética céltico-bretã. Etimologicamente, a palavra "fada" vem do latim *fatum*, que significa "destino".

Fadas, personagens mitológicas, características sobretudo dos mitos célticos e germânicos, são retratadas com aparência feminina, muitas vezes de estatura diminuta, leves e elegantes. São seres elementais, isto é, ligados a elementos da natureza, aparecendo junto à floresta, à terra, ao ar, às águas e ao fogo. Ainda que já tenha sido usada em tempos medievais, como é o caso de alguns *lais* de Marie de France, no século XII, essa imagem emblemática da fada repleta de magia e, ao mesmo tempo, delicadeza e qualidades etéreas combina perfeitamente com um tipo de encantamento refinado que se aplica aos contos literários que inauguram esse gênero na França do final do século XVII.

Nesse contexto da prática de um tipo de conto de fadas literário que se estabelece no século XVII, um dos primeiros escritores a moldar essas histórias para crianças foi Charles Perrault (1628-1703), ainda que em sua época o conceito de infância não tenha se estabelecido com clareza.

Charles Perrault

Lendo hoje as versões de Perrault para muitos contos, dificilmente poderíamos considerá-las adequadas para crianças, pois grande parte delas contém doses de violência e sexualidade.

Nascido em Paris, vindo de uma família burguesa bem estabelecida, Charles Perrault formou-se advogado. Aos poucos, porém, seu interesse foi convergindo cada vez mais para a literatura. Publicou, em 1659, os poemas "Retrato de Íris" e "Retrato da voz de Íris", que abriram as portas para sua nova carreira como poeta oficial da corte de Luís XIV.

Em 1663 Perrault foi promovido a secretário do ministro Colbert, tornando-se político poderoso, controlador das finanças do governo. Em 1671 foi eleito membro da Academia Francesa de Letras. Nessa posição, ocupou-se da chamada "querela dos antigos e modernos", opondo-se aos escritores que defendiam a soberania da língua grega clássica. Perrault e seus conterrâneos insistiam na importância da língua e da cultura francesas e instilavam seus textos com valores culturais de seu país. Em 1672, aos 44 anos, casou-se com Marie Guichon, com quem teve quatro filhos: Charles Samuel, Charles, Pierre Darmancour e uma menina cujo nome não se sabe porque não há documentos a seu respeito. Após seis anos de casamento, sua esposa morreu de varíola.

Perrault, com quase cinquenta anos, passou a ser um viúvo com crianças para criar. O escritor, que sempre frequentou os salões de chá e saraus com recitais de contos de fadas promovidos por sua sobrinha, *mademoiselle* L'Héritier, e pela condessa D'Aulnoy, valorizava cada vez mais esses eventos, tornando-se gradativamente o mais conhecido e importante autor de contos de fadas de sua época. Em 1695, aos 67 anos, perdeu seu posto como secretário. Dois anos depois, publicou *Histoires ou contes du temps passé* [Histórias ou contos de tempos passados], também conhecido como *Histoires de ma mère l'Oye* [Histórias da Mamãe Gansa], seguido, em 1715, por "Peau d'âne" ["Pele de asno"].

Inicialmente, sentindo-se desconfortável em assumir uma escrita de contos que pudessem ter um cunho infantil, Charles Perrault atribuiu a autoria de seu livro *Histórias da Mamãe Gansa* ao filho Pierre, admitindo ser o autor apenas depois do grande sucesso com que a coleção acabou sendo recebida.

Mamãe Gansa é o nome que foi dado a uma arquetípica mulher do campo, à qual teria sido destinada a origem das histórias. Charles Perrault, de certa maneira, estava fazendo uma homenagem a toda essa tradição oral que vem dos camponeses e que é trabalhada em uma linguagem barroca na literatura considerada de bons modos e adequada ao processo de *civilité*, ou civilização.

É importante reforçar que até então os contos de fadas não eram exclusivamente destinados ao público infantil. Não existia de forma bem estabelecida a separação entre o que era escrito para adultos e o que era feito para crianças – nem mesmo o que eram adultos ou crianças – até a passagem do século XVII para o XVIII. Então, mesmo que Charles Perrault tenha tido a intenção de fazer de sua obra um manual de bom comportamento, sobretudo para as meninas, seria impensável hoje considerar seus textos adequados para a criança moderna e contemporânea.

Tomemos, como exemplo, o conto "Chapeuzinho Vermelho", que já aparece na tradição oral em versões muito arcaicas. O historiador norte-americano Robert Darnton, em seu importante livro *O grande massacre de gatos e outros episódios da história cultural francesa* (Darnton, 1984), relata uma versão anterior à de Perrault, que era "A história da avó", em que uma menina sai pela floresta e encontra o lobo. Ele vai correndo à frente dela, mata a avó da menina e, quando Chapeuzinho chega, lhe oferece uma refeição que, sem que ela saiba, é feita com um pedaço de carne do corpo da avó e um copo de sangue dela. Essa situação, considerada grotesca para nossos tempos, se liga aos primórdios canibalistas da civilização humana. O canibalismo existia, ora por uma questão de sobrevivência, ora por rituais de cunho espiritual, em que se concebia penetrar o espírito do outro comendo sua carne e bebendo seu sangue. Em sua versão literária, Charles Perrault muda isso porque o canibalismo já não era aceito no período de *civilité* do século XVII.

É importante considerar também que, na era feudal, longas guerras, como as Cruzadas, deixaram grandes medos, feridas psicológicas abertas no imaginário dos europeus. O personagem paradigmático do lobo deriva dos lobisomens, que eram justamente associados aos bárbaros, àqueles diferentes, estranhos, misteriosos, perigosos, àqueles que não são como os europeus e que, portanto, incitam terror. Os lobisomens eram personagens associados ao "outro", à alteridade, ao Oriente, sobretudo aludindo ao inimigo nas Cruzadas.

No lugar do sangue, que é vermelho, e da carne, Perrault inventa uma capa vermelha para a menina. Na versão do francês, encontramos uma menina que desobedece a mãe e é engolida pelo lobo. Perrault termina sua versão da história no momento em que Chapeuzinho é engolida e morta pelo lobo, pois ele mesmo diz que seu livro trata de contos do tempo passado com moralidades. Ele precisava deixar clara a moral da história: deve-se obedecer à mãe, e uma menina não pode sair desacompanhada, sozinha, pela estrada afora. Ali não há caçador que ressuscita a menina e a avó, algo que é criado pelos irmãos Grimm, no século XIX, em outro momento histórico.

Vejamos o conto "A bela adormecida no bosque", em que Perrault faz uma adaptação de uma história medieval, na qual um príncipe chega da guerra das Cruzadas e se apaixona por uma linda moça. Aqui não há beijo para despertar a bela. Ela e o príncipe têm filhos gêmeos, Aurora e Dia, que são ameaçados por uma ogra, mãe do príncipe, que quer comer seus netinhos. Perrault mantém o humor até em sua apresentação do desejo de canibalismo, incluindo nesse fato a descrição da receita do molho Robert, um molho próprio para carnes, e que a avó ogra prepara para esperar a captura dos netinhos, que serão cozidos nesse molho. Finalmente, a bela consegue escapar. Em versões anteriores, a ogra era, na verdade, a esposa do príncipe, que precisava matar os filhos bastardos da bela, já que eles ameaçariam a linhagem do casamento.

Com seu talento literário e o desejo de criar e recriar contos que servissem como cartilhas de bom comportamento, Charles Perrault tornou-se o escritor mais aclamado de seu tempo. Seu talento inclui o domínio da linguagem, somado a um humor sutil e refinado, que muitas vezes apoia abertamente os códigos da aristocracia de Luís XIV, mas que também faz críticas irônicas a seus exageros. Perrault era exímio na criação de *moralités* [moralidades], que fecham cada conto com um poema que resume a lição de moral ou de *civilité* que ele intenciona transmitir ao leitor (ou ouvinte).

Irmãos Grimm e a legitimidade do povo alemão

Tempos depois, no século XIX, na Alemanha, os contos de fada foram elevados à categoria de pesquisa acadêmica. Essa história, na verdade, começa em um país que ainda não era bem um país. Até o início do século XIX, a Alemanha era dividida em vários principados, com costumes e dialetos bem diferentes. Não era o país de grande destaque literário e artístico que se tornaria depois.

Até sua unificação, os principados sofriam tensões e turbulências econômicas, sobretudo a partir da Guerra dos

Trinta Anos, que aconteceu entre 1618 e 1648, e envolveu forças vindas de toda a Europa, mas que foi travada quase que em sua totalidade nos territórios alemães.

Na segunda metade do século XVIII, surgiu um movimento chamado *Sturm und Drang* [Tempestade e Ímpeto], que incluiu em seu programa o jovem escritor Goethe. O movimento buscava valorizar a identidade cultural alemã, rejeitando o que era considerado civilizado na época. Nesse momento da história, era a França, com seus costumes sofisticados e suas noções de *civilité*, que dominava todo o mundo europeu e ditava a importância do refinamento e da boa educação.

O *Sturm und Drang*, ao contrário, afirmava que as revelações mais importantes de uma cultura só podiam derivar de sua tradição popular. O movimento durou dez anos, de 1770 a 1780, mas foi fundamental para fincar as bases da cultura alemã como um todo. Os irmãos Grimm, com certeza, foram influenciados por essas ideias.

Por volta de 1795, o Romantismo ganhou força e trouxe um sentimento ainda mais intenso de nacionalismo. Foi nesse momento que as culturas artística e literária alemãs se destacaram. A Alemanha se tornou o centro cultural da música e do pensamento filosófico, com as ideias de Hegel se espalhando por todo o continente europeu.

Nesse contexto de busca de raízes culturais, afirma-se a carreira de dois irmãos: Jacob Ludwig

Karl Grimm e Wilhelm Karl Grimm. Nascidos em 1785 e 1786, respectivamente, na cidade de Hanau, perto de Frankfurt, foram estudar no Ginásio Friedrich, em Kassel. Em 1807, o imperador francês Jérôme Bonaparte invadiu e ocupou Kassel, cidade onde os Grimm viviam. Ficaram lá até 1813, quando os franceses tiveram de abandonar a cidade, sendo derrotados em toda a Europa. Esse fato histórico aumentou ainda mais o fervor nacionalista nos dois irmãos.

O período em que eles coletaram e organizaram seus contos foi o da ocupação napoleônica, e a intenção dos irmãos era a de opor-se à ocupação, fortalecendo um sentimento nacional.

A vida pessoal desses dois criadores brilhantes também foi uma influência fundamental para sua obra literária. Jacob e Wilhelm nasceram numa família de classe média e eram os mais velhos de seis irmãos. Muito unidos, eles adoravam a vida no campo e conheciam bem o trabalho na fazenda, a natureza, os hábitos e superstições dos camponeses que viviam perto de sua cidade. Os dois foram criados sob uma rigorosa educação religiosa, dentro dos princípios morais e do senso de justiça do protestantismo, da Igreja Calvinista Reformada. Seu pai, o advogado Philipp Grimm, morreu quando Jacob tinha onze anos e Wilhelm, dez, e desde então os dois assumiram total responsabilidade pela casa e pela família. Em termos financeiros, a vida deles tornou-se bem mais difícil.

É importante considerar que, junto com o interesse cultural e nacionalista pelas raízes do povo alemão, a morte prematura do pai também foi um marco fundamental nas pesquisas dos contos. É como se a reconstrução da tradição alemã também representasse um resgate da própria ancestralidade.

Foi apenas com a ajuda de um parente que Jacob e Wilhelm foram mandados para uma boa escola em Kassel, o Ginásio Friedrich. Os dois irmãos dormiam na mesma cama e, juntos, estudavam doze horas por dia, tornando-se os melhores alunos da classe. Mesmo em tempos difíceis, quando foram marginalizados por colegas e professores por serem mais pobres do que a maioria dos que ali estudavam, mantiveram a fé e a integridade moral.

Os irmãos conseguiram frequentar a Universidade de Marburgo, mesmo sendo humilhados por sua condição social inferior, e ali se especializaram em direito e filologia, o estudo amplo da língua. Envolvidos com o estudo da literatura e dos costumes do povo alemão, os dois começaram a coletar contos e material de origem popular já em 1806.

Enquanto faziam isso, passaram por outras dificuldades. Wilhelm foi diagnosticado com asma e tinha o coração fraco. Jacob, por questões econômicas, foi trabalhar como bibliotecário pessoal de Bonaparte, em Kassel, apesar de sua aversão ao domínio francês. Logo depois, a mãe deles morreu.

Mas nada impediu que a primeira edição de *Kinder und Hausmärchen* [Contos para as crianças e para a família], incluindo baladas, canções e fábulas, fosse publicada. De fato, eles estudaram com profundidade e somaram a tudo isso outras fontes. Pesquisaram livros, rastrearam autores de outros tempos e deram a suas versões toques pessoais, que refletiam as próprias crenças e ideais. Muitos de seus contos são realmente variantes de compilações já publicadas, como as de madame D'Aulnoy, Charles Perrault, Gianfrancesco Straparola, Giambattista Basile e do clássico *As mil e uma noites*, bem como das coletâneas de contos alemães de Johann Karl August Musäus e Benedikte Naubert.

Dorothea Viehmann, Dortchen Wild e as mulheres dos contos alemães

Além desses casos, mais de vinte narradores, sobretudo mulheres, contribuíram com relatos para essa saga. Entre elas, contam-se as seis filhas do farmacêutico Wild, vizinho dos Grimm em Kassel (uma delas, Dortchen Wild, se casaria mais tarde com Wilhelm); Frederike Mannel, filha do pastor da localidade vizinha de Allendorf; as irmãs Hassenpflug; as seis filhas da família Haxthausen; e também as irmãs Droste-Hülshoff, uma das quais, Annette, tornar-se-ia a poetisa mais relevante da Alemanha no século XIX.

A grande contribuinte das histórias contidas na coleção dos irmãos Grimm foi Dorothea Viehmann (Pierson era seu sobrenome de solteira), filha de um imigrante huguenote[2] que morava nos arredores da cidade de Kassel. Conhecida como *Die Märchenfrau*, "a

Dorothea Viehmann

© Ludwig Emil Grimm/Wikimedia Commons/domínio público

---

2 Os huguenotes eram os protestantes franceses que seguiam as ideias calvinistas.

mulher dos contos de fadas", Dorothea Viehmann nasceu no território que hoje conhecemos como Alemanha, no dia 8 de novembro de 1755.

Dorothea era parente de Johann Friedrich Pierson, o primeiro proprietário de uma cervejaria e pousada que pertencia à família desde 1752, o Knallhütte, que ficava na região de Kassel. A jovem Dorothea com certeza teria ouvido muitos contos de aventura, lendas e histórias de vários países e regiões contados por viajantes que passavam por ali, particularmente dos carroceiros, que paravam na hospedagem. À noite Dorothea distribuía palha no chão para que todos se sentassem e ali ouvia e contava histórias junto ao grupo de viajantes que se encontrava na pousada. Por meio de suas raízes huguenotes, Dorothea também ouviu de sua família as histórias dos soldados franceses, sobretudo os sobreviventes da Guerra dos Sete Anos (1756-1763).

Dorothea conheceu os irmãos Grimm na cidade, pois costumava vender manteiga e leite, além de outros produtos agrícolas do Knallhütte, no mercado de Kassel. Aproximaram-se, e Dorothea aceitou contar as histórias de seu repertório para os Grimm em troca de uma boa prosa e uma xícara de café, uma bebida considerada um luxo naquela época, algo que apenas alguns podiam pagar. Eles costumavam conversar no apartamento dos irmãos no centro de Kassel, e eis que Dorothea acabou por colaborar com cerca de quarenta contos que estão reunidos na coleção publicada pelos irmãos.

É interessante pensarmos no apartamento dos irmãos em Marktstrasse como uma espécie de salão literário, a exemplo dos salões franceses do século XVII conduzidos pelas "preciosas". Os Grimm reuniam grupos animados, sobretudo de mulheres, em torno de contações de histórias e, nesses encontros, iam engordando seu repertório de contos populares.

Assim como Dorothea Viehmann, é importante lembrar que várias dessas mulheres tinham recebido uma educação de inspiração francesa, fosse pela sua origem huguenote ou porque naquela altura estava na moda educar as filhas das classes mais distintas da sociedade com autores e referências franceses.

Dessa forma, não é de estranhar que alguns dos contos transmitidos por elas fossem versões dos contos de fadas franceses, que tinham chegado à Alemanha por meio das coleções de madame D'Aulnoy e outras, e eram usados com frequência para as crianças aprenderem a língua do país vizinho. Vale igualmente notar que as narradoras dos contos não eram camponesas. A maioria provinha da burguesia e tinha tido acesso a uma formação esmerada.

A outra colaboradora fundamental, responsável por contos dos mais populares da coleção dos Grimm, foi Dorothea (ou Dortchen) Wild, a futura esposa de Wilhelm. Para se ter uma ideia, ela narrou quase um quinto de todo o primeiro volume da coleção de 1812, incluindo os contos de fadas mais populares, como "Rapunzel" e "João e Maria".

Dortchen (Dorothea) Wild Grimm

© Ludwig Emil Grimm/Wikimedia Commons/domínio público

Dortchen contribuiu contando mais de vinte histórias para a coleção dos irmãos Grimm, iniciando a colaboração nos dois anos que antecederam a publicação da primeira edição. Ela tinha apenas quinze anos quando começou. E, aos dezessete, logo antes da primeira publicação, contou sua versão de "Rapunzel". Wilhelm tinha 21 anos e Jacob, 22.

As histórias eram contadas em contexto social, durante encontros entre jovens homens e mulheres solteiros. Wilhelm e Jacob não davam uso às penas enquanto as histórias iam sendo contadas. As transcrições iam sendo feitas mais tarde (na casa de verão, no jardim, de acordo com as anotações que Wilhelm escrevinhou nas margens de uma das primeiras provas). Quando os contos começaram a ser narrados, os irmãos eram anfitriões e *compères*, encorajando as raparigas a entretê-los com as suas histórias (Jubber, 2022, p. 187-188).

Os *Kinder und Hausmärchen*, publicados pela primeira vez em 1812, não continham só contos de fadas clássicos, mas também de magia, fábulas, lendas e canções, e eram uma compilação extensa e longa. Foi apenas a chamada *Pequena edição*, de 1825, incluindo apenas os cinquenta *Zaubermärchen* [contos de fadas mágicos], reescritos de forma poética principalmente por Wilhelm, que de fato fez sucesso e passou a ser reeditada popularmente através dos anos como a famosa "Coleção dos Grimm para crianças". Ela se tornou um fenômeno da editoração alemã, até hoje sendo suplantada em número de vendas apenas pela Bíblia, como atesta Nicholas Jubber (2022).

Isto leva-nos a 1825, o ano em que a sorte dos Grimm mudou. Publicou-se uma nova edição dos contos, com apenas cinquenta histórias, poética e cuidadosamente editada por Wilhelm e com ilustrações sugestivas. [...] Os contos ganharam novo fôlego e as vendas foram aumentando, primeiro de um modo progressivo e, pouco depois, muito depressa. E outra coisa aconteceu em 1825. Em maio desse ano, Wilhelm e Dortchen tornaram-se marido e mulher (Jubber, 2022, p. 200-201).

A *Pequena edição* incluía contos como "Cinderela", "Branca de Neve", "Chapeuzinho Vermelho" e "O príncipe sapo". É nela que podemos identificar com clareza os valores e a moral cristã ligados à Igreja Protestante, assim como a preocupação dos irmãos com justiça, sobrevivência e liberdade. Há ali também algumas histórias contadas pela própria Dortchen Wild.

De acordo com a pesquisadora e escritora Kate Forsyth, autora do livro *The wild girl: a novel* [A garota selvagem: um romance] (Forsyth, 2013), baseado na história de Dortchen Wild, a menina Dorothea era filha de um boticário local extremamente rígido e, muitas vezes, violento. Os contos de fadas relatados por Dortchen a Wilhelm mostram muitas vezes pais abusivos, como em "João e Maria" ("Hänsel und Gretel") e "Mil e uma peles" (uma versão de "Pele de asno"), o que sugeriu a Forsyth que a menina poderia ter sido vítima de abusos pelo pai, fossem eles físicos ou morais.

Depois de anos de parceria, Wilhelm, junto com Jacob, foi submetido a uma ocorrência política. Os dois irmãos ocupavam cargos de professor na Universidade de Gottingen quando, entre 1837 e 1841, ao lado de mais cinco colegas, protestaram contra a abolição da Constituição Liberal do Estado de Hanôver realizada pelo rei Ernest Augustus I. Os professores ficaram conhecidos como "Os Sete de Gottingen". Enquanto buscavam o direito às liberdades civis, protestando contra o ato do rei, foram demitidos de seus cargos.

Embora menos conhecido, o trabalho dos irmãos Grimm na academia foi importantíssimo. Eles trabalharam na publicação do primeiro dicionário alemão, a mais ampla obra que padronizava a língua germânica desde que Martinho Lutero traduzira a Bíblia do latim para o alemão. O dicionário continha 33 volumes e pesava 84 quilos!

Em seus livros, no decorrer das diversas edições que publicaram, os irmãos Grimm criaram um estilo muito próprio de contar histórias. Progressivamente os irmãos, sobretudo Wilhelm, o mais novo, utilizavam um jeito mais terno de escrever. A estrutura de suas histórias foi ganhando também uma forma mais elaborada de composição, paralela e simétrica, com repetições de acontecimentos e de refrões que penetram o texto de forma a reforçar suas ideias e seu clima.

Por causa da paixão que os dois compartilhavam pelas fazendas e matas, pela natureza e pelos camponeses, os irmãos Grimm também tornaram bosques e florestas os lugares de excelência nas histórias, voltados à transformação e ao ponto de mutação de seus personagens.

João e Maria precisam se perder na floresta para aprenderem a lidar com o inimigo (a bruxa) e conquistarem bens materiais e maturidade. É na floresta que Branca de Neve se esconde e ganha uma nova família (os sete anões) e o amor de seu príncipe. Em "O príncipe sapo", é no meio do bosque que a princesa encontra o sapo e tem de lidar com o desafio de deixá-lo compartilhar de sua vida. É no bosque também que Chapeuzinho Vermelho encontra seu grande desafio, o lobo, e aprende importantes lições de vida. É na floresta que Rapunzel passa a viver quando se separa da bruxa, até que reencontra seu príncipe. Em "Cinderela" não há propriamente um bosque, mas a presença da natureza se faz fundamental: sua ajuda mágica não vem de uma fada, e sim de uma árvore e de uma pomba.

Em termos de valores e de ideais que os irmãos Grimm compartilham em suas histórias, eles se mostram bem diferentes daqueles, por exemplo, presentes nos contos de Charles Perrault. Enquanto nos livros do autor francês as noções de civilidade eram transmitidas buscando educar adultos e crianças com boas maneiras, Jacob e Wilhelm davam ênfase a qualidades como a força de sobrevivência, a justiça, a perseverança. Em seus textos, o bem se paga com o bem, e o mal, com o mal. O que é certo, é certo. É por isso que o rei obriga a princesa a aceitar o sapo, comendo de seu pratinho e dormindo a seu lado, que foi o que ela lhe prometeu quando o animal foi buscar sua bola no lago. É por isso também que duas pombas cegam as irmãs invejosas de Cinderela, que terão de arcar com tudo de mal que fizeram à pequena. Ou que dois chinelos em chamas saem da fogueira e entram nos pés da madrasta da Branca de Neve, queimando-a viva.

Wilhelm morreu em 1859 e Jacob, em 1863. Os dois estão enterrados no cemitério de St.-Matthäus-Kirchhof, próximo a Berlim. Há um museu com o nome deles, o Museu Irmãos Grimm, na cidade de Kassel, Alemanha.

O mundo sensível e diminuto de Andersen

Hans Christian Andersen, uma das vozes mais conhecidas no universo dos contos de fadas, pertence a uma outra categoria. Ele é um autor de contos de fadas considerados modernos. Isso quer dizer que, ainda que seus contos tenham sido baseados em antigo material folclórico dinamarquês, a maioria das histórias foi criada por ele.

Nascido na pequena Odense, na Dinamarca, em 1805, filho de pai sapateiro e mãe lavadeira, Andersen teve uma infância pobre, mas repleta de brincadeiras criativas. Um de seus passatempos preferidos era brincar de teatro de sombras com o pai, que transformava caixas de sapatos em cenários originais para as narrativas d'*As mil e uma noites*.

Hans, o pai, alistou-se e lutou pela Dinamarca na guerra ao lado de Napoleão, contra a Rússia, e voltou para casa tão fraco que morreu dois anos depois. O menino Hans Christian, aos dez anos, parou de estudar e começou a buscar trabalho para sustentar a família: foi assistente de sapateiro e de alfaiate. Mas ele era mesmo um sonhador e não conseguia ser bem-sucedido em trabalhos como esses. Ainda por cima, tinha ouvido a profecia de uma cigana que, ao ler sua mão, atestara que ele seria um homem famoso, célebre no mundo inteiro.

Com esse sonho em mente, aos quatorze anos decidiu ser ator. Saiu de Odense em direção à capital Copenhague e bateu à por-

Hans Christian Andersen

ta do Teatro Real. Mas, de cara, ninguém se interessou por seu trabalho.

Lá ficou ele, vivendo na pobreza, fazendo pequenos trabalhos como assistente de marceneiro, até que um musicista importante o convidou para entreter seus convidados num jantar. Andersen empolgou-se: começou a declamar e, cheio de emoção, derreteu-se em lágrimas. Os convidados, enternecidos, resolveram ajudar o rapaz. Depois, numa nova tentativa frustrada de se apresentar no teatro, conheceu Jonas Collins, um senhor rico e influente que acabou "adotando" o escritor, conseguindo uma bolsa de estudos com o rei Frederico VI para que Andersen pudesse escrever e viajar para estudar e pesquisar suas histórias.

Andersen assim o fez. Nunca se casou e nem mesmo teve a própria casa. Passou a vida se hospedando de casa em casa, convidado por mecenas e pessoas ilustres, como Charles Dickens e Victor Hugo.

Aonde quer que chegasse, começava a contar suas histórias, juntando crianças e adultos encantados ao redor dele! Em sua mala nunca faltava uma corda, que guardava por precaução, para escapar pela janela em caso de incêndio.

Em 1835, Hans Christian Andersen publicou seu primeiro livro, cujo título, *O improvisador*, se referia ao próprio apelido. Desde então ele não parou de escrever e ser reconhecido por criar uma nova literatura infantil, um novo tipo de conto de fadas.

É certo que os contos de fadas ocidentais normalmente possuem uma longa linhagem que vem dos primórdios da tradição oral, passando por manuscritos medievais e chegando à literatura no século XVII. Não foi bem esse tipo de escrita de reconto da grande herança que Andersen nos deixou.

Hans Christian é, na verdade, considerado o primeiro escritor *moderno* de contos de fadas porque utilizou alguma tradição de contos populares – narrativas ligadas ao povo nórdico que foram adaptadas por ele –, mas, em sua maioria, criou textos inéditos, que brotavam da própria experiência. Grande parte de suas histórias era inventada a partir das circunstâncias da própria vida.

Assim, o menino pobre que passava a conviver com a nobreza construía histórias sobre ela, como em "A princesa e a ervilha" ou "A roupa nova do rei". Mas era com as pessoas humildes, com os pequeninos e frágeis, e com aqueles considerados diferentes e até marginalizados que ele verdadeiramente se identificava. A ternura por trás de histórias como "O patinho feio", "O soldadinho de chumbo" e "Polegarzinha" nos faz pensar que elas seriam verdadeiras autobiografias que o autor adaptara para o universo da literatura infantil. Andersen não economiza nos carinhos, nos diminutivos, na amorosidade das cenas, e nos mostra dois personagens que são diferentes da maioria, mas que são lutadores e de grande caráter.

"O rouxinol" se liga às viagens de Andersen pelo mundo e ao encanto que um país considerado exótico como a China produzia nele. Rouxinol era também o apelido de uma cantora lírica por quem Andersen se apaixonara de maneira platônica. O conto gira em torno do pequeno, leve, frágil, mas extremamente poderoso passarinho, capaz de mudar os rumos de todo um reino.

"A pequena vendedora de fósforos" denuncia com poesia e delicadeza o destino muitas vezes brutal daqueles que são expostos à pobreza e ao descaso social. Contudo, mesmo nessas condições tão difíceis, a protagonista da história é capaz de transcender as pequenezas do mundo, encontrando beleza e felicidade dentro de um reservatório espiritual, além da vida, algo próximo do que acontece com "A pequena sereia", com sua fragilidade física, mas imensa dignidade.

"Os sapatinhos vermelhos" também contém um desfecho dramático e triste, com uma menina tendo seus pés decepados por conta de sapatos que passam a comandá-la. Mas o que a história testemunha, ainda que pelas vias de uma devoção religiosa, é a capacidade de uma menina de reconhecer o preço pago por sua vaidade, a reconciliação com seu destino e a coragem para aceitá-lo com serenidade.

E mesmo o menino que aponta para a hipocrisia da ausência de trajes do rei, na história "A roupa nova do rei", é de fato um pequeno herói, sendo o único do conto a dizer a verdade.

De modo geral, os protagonistas que habitam as narrativas criadas por Andersen possuem potência, dignidade e integridade e demonstram o enorme valor humano desses seres de aparência diminuta, fraca, pobre, diferente da maioria – tal como era o próprio Hans Christian Andersen. Podemos pensar em seus contos como uma espécie de espelho narrativo do autor.

Há outros autores responsáveis pela eternização dos contos clássicos. Joseph Jacobs, autor e pesquisador do folclore britânico, é o responsável pela popularização de contos como "Os três porquinhos" e "João e o pé de feijão", este último considerado um dos mais antigos contos da história da humanidade.

Uma constelação de autores de contos de fadas modernos, a exemplo de Andersen, foi responsável pela criação de textos referenciais de histórias maravilhosas, como *Alice no País das Maravilhas*, inventada por Charles Lutwidge Dodgson, mais conhecido pelo pseudônimo Lewis Carroll, uma figura plural, tendo atuado como reverendo, professor de matemática, romancista, desenhista e fotógrafo; *Aventuras de Pinóquio*, criada pelo jornalista Carlo Collodi, que, em 1881, começou a publicar um jornal especializado, o *Giornale per i bambini* [Jornal para as crianças]; ou *Peter Pan*, escrito pelo dramaturgo britânico J. M. Barrie em 1904, inicialmente intitulado *O menino que nunca quis crescer*. E há muitos outros exemplos que dão corpo e vida ao gênero.

Quem conta um conto... faz arte?

A necessidade de abstrair a realidade por meio da transmissão oral de contos é concomitante à invenção da linguagem. Mas as narrativas nunca foram fixas ou estáticas. Os contos mudavam de configuração à medida que, em grupos, ouvintes interagiam com os contadores, sugerindo novos encadeamentos às histórias.

Embora os contos de fadas sejam, em sua maioria, baseados em antigo material folclórico oral, eles não podem ser encarados como relíquias da tradição. Mediante a adaptação de histórias orais para textos literários, esses contos foram revisitados, reescritos e modificados segundo o espírito da época de seus autores. São trabalhos artísticos, autorais, projetados em contextos sócio-históricos e culturais particulares. Perrault escreveu seus contos segundo os códigos barrocos da corte de Luís XIV, ao passo que os Grimm imprimiram valores do protestantismo burguês e deram doses de pré-romantismo a suas histórias. Já Hans Christian Andersen permitiu-se inventar contos de fadas singulares, baseados em sua cultura e na própria história de vida.

Contos de fadas são, portanto, material vivo. São obras de arte.

Assim, cada versão de um mesmo conto tem um sentido e uma moral particulares. Isso ocorre, por exemplo, em "Cinderela", um dos mais populares contos de fadas em todo o mundo, possuindo mais de quinhentas versões (esse número vai mudando, conforme as pesquisas avançam).

Em seu livro *Cinderella: a casebook* [Cinderela: um estudo de caso] (Dundes, 1983), o folclorista norte-americano Alan Dundes compilou e interpretou uma grande quantidade de versões do conto, incluindo a versão de Giambattista Basile em *O pentamerone*; a "Cinderela" de Perrault, no original, "Cendrillon"; e a versão dos irmãos Grimm, "Aschenputtel"; além de versões de culturas e países como Rússia, Inglaterra, China, Grécia e outras.

Na versão de Perrault, Cinderela é uma donzela trabalhadora, doce e recatada, que só depois de ser vestida corretamente por uma fada em posse de sua varinha mágica – no caso, com um vestido brocado de ouro, joias e o famoso sapatinho de cristal (uma invenção de Perrault) – recebe o amor do príncipe e é redimida do trabalho junto às cinzas da cozinha. Cinderela é tão bem-educada e altruísta que, no final da história, perdoa a maldade das irmãs e as casa com cavalheiros da corte.

Os irmãos Grimm adaptaram a história de Perrault, tingindo-a com tonalidades mais compatíveis à mentalidade europeia protestante e popular, ligada a um senso de justiça que pune e recompensa, de acordo com as ações praticadas. O luxo do baile e das roupas de Cinderela e seu refinamento de modos são substituídos por outra lição moral: quem faz o bem é pago com o bem; quem faz o mal recebe o mal. Assim, ao final da história, Cinderela se casa com o príncipe. Em compensação, as irmãs más, que vão à cerimônia para conferir o destino de Cinderela, têm ali seus olhos picados por pássaros, que as cegam. E não existe fada madrinha: quem ajuda Cinderela é um pássaro que pousa sobre uma amendoeira, plantada pela menina, com um galhinho que foi presenteado pelo pai. O pássaro representa a mãe morta da menina, cujo espírito aparece para ajudá-la. As irmãs invejosas são castigadas, tendo seus olhos perfurados por pássaros enquanto elas estão na igreja, bisbilhotando acerca do casamento de Cinderela com o príncipe.

Em Andersen, não encontramos propriamente "Cinderela", mas ainda assim ficamos conhecendo narrativas permeadas por personagens que também viveram dificuldades e privações, e terminam por serem reconhecidos e elevados a situações de felicidade e prosperidade. Exemplos muito conhecidos estão em "Polegarzinha" e "O patinho feio".

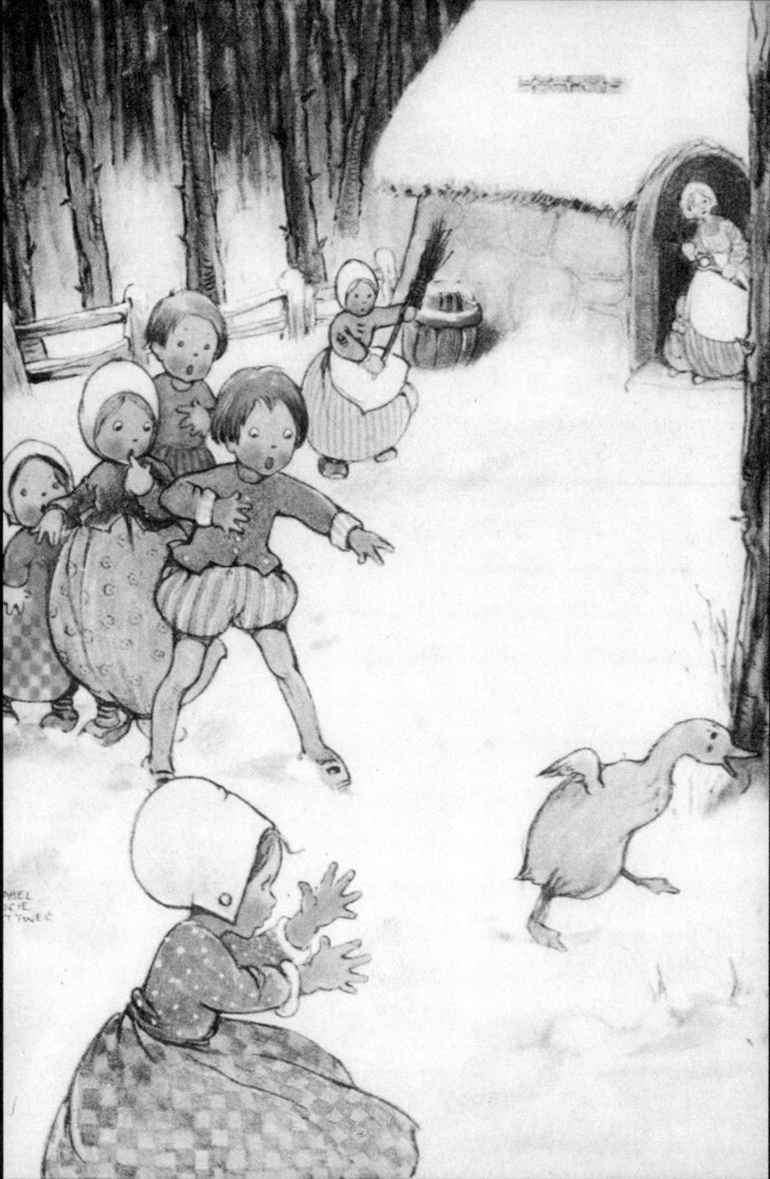

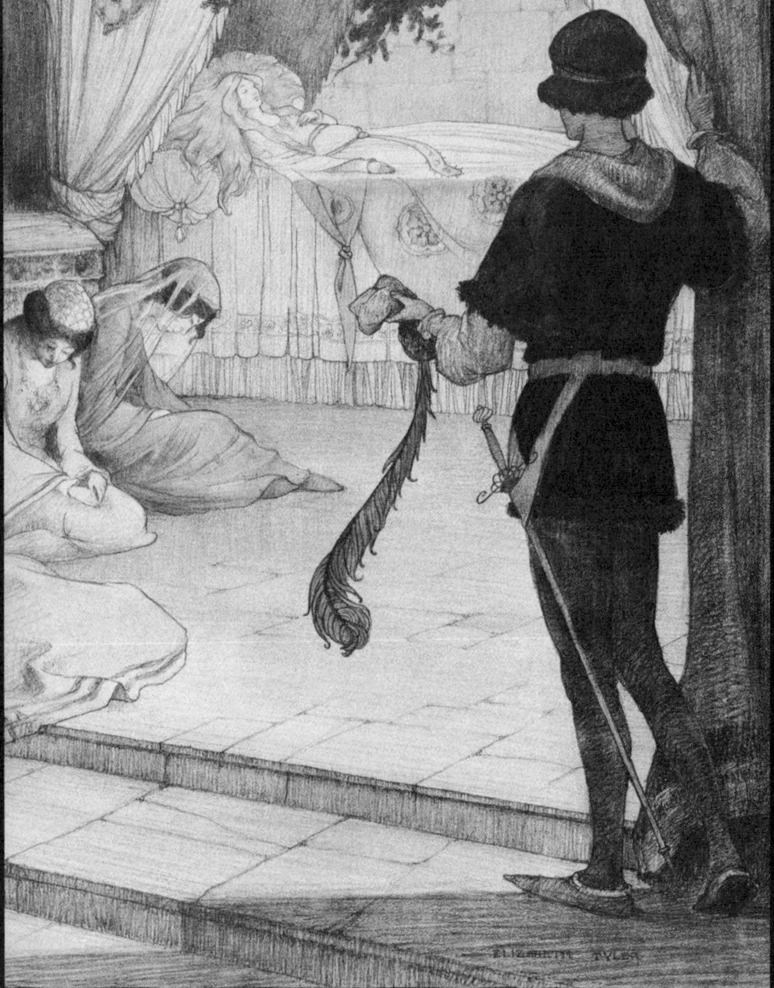
ELIZABETH TYLER

A INVENÇÃO DA INFÂNCIA E OS CONTOS NA CONTEMPORANEIDADE

A criança, então, mal adquiria algum desembaraço físico, era logo misturada aos adultos, e partilhava de seus trabalhos e jogos. De criancinha pequena, ela se transformava imediatamente em homem, mas, sem passar pelas etapas da juventude, que talvez fossem praticadas antes da Idade Média e que se tornaram aspectos essenciais das sociedades desenvolvidas de hoje.

Philippe Ariès

Sabemos que a noção de que as crianças são seres diferentes dos adultos e que necessitam de cuidados e atenção especiais é algo muito recente, que começa a tomar corpo apenas a partir do século XVIII, após a Revolução Industrial.

Até o final da Idade Média, o conceito de infância não existia e as crianças eram vistas como pequenos adultos, inclusive vestidas como adultos em miniatura. Entre as classes pobres, crianças trabalhavam juntas e, como seus pais, dormiam juntas e eram colocadas em meio à vida sexual dos adultos. Como a mortalidade infantil era muito alta, os cuidados passavam ao largo até que a vida desses pequenos pudesse ser garantida, a ponto de serem considerados descendentes e mão de obra que ajudariam seus pais e assumiriam seus legados.

Não podemos esquecer que, originalmente, as histórias vêm da tradição do povo. Em "Histórias que os camponeses contam: o significado de Mamãe Ganso", capítulo inicial do livro *O grande massacre dos gatos e outros episódios da história cultural francesa* (Darnton, 1984), Robert Darnton discute a condição dos camponeses e seu lugar na criação desses contos. Ele argumenta que os camponeses viviam em um contexto de muita violência, fome e brutalidade, marcado por epidemias, má nutrição e dificuldades de toda sorte, e que suas narrativas não tinham tabus, contendo canibalismo, incesto, matanças familiares.

Os homens trabalhavam do amanhecer ao anoitecer […] já as mulheres se casavam tarde – entre 25 e 27 anos – e tinham apenas cinco ou seis filhos, dos quais apenas dois ou três sobreviviam até a idade adulta. Grandes massas humanas viviam num estado de subnutrição crônica, subsistindo sobretudo de uma papa caseira feita de pão e água. […] Famílias inteiras se apinhavam sobre uma ou duas camas e se cercavam de animais domésticos para se manterem aquecidas. Assim, as crianças se tornavam participantes das atividades sexuais dos pais […] e trabalhavam com os pais quase imediatamente após começarem a caminhar (Darnton, 1984, p. 40-47).

Darnton conta que 90% dos camponeses nasciam e morriam sem nunca ter sentido saciedade alimentar, passando fome a vida toda.

Meu livro *A cozinha encantada dos contos de fadas* (Canton, 2015) partiu justamente dessa pesquisa em que ele diz que comer até satisfazer o apetite era o principal sonho dos camponeses, que raramente conseguiam realizá-lo em algum momento da vida. Essa preocupação e desejo estavam presentes nas histórias que eles contavam. No conto clássico "Cinderela", na versão de Charles Perrault, Cinderela recebe um presente do príncipe no baile: um prato de frutas exóticas que ela não conhecia. Na descrição de Perrault, ela come as frutas com garfo e faca e, ainda de acordo com os padrões de boas maneiras ou de *civilité* propagados pelo autor em seus contos, oferece porções aos convivas, incluindo as irmãs e a madrasta.

No final da Idade Média, as frutas tinham o valor equivalente ao de uma joia. A comida era escassa e apenas voltada à subsistência, e somente com o início da chamada Revolução Agrícola, que acontece na virada do século XVII para o XVIII, começam a surgir novas sementes, novas frutas, novos legumes, novas verduras.

A noção de *civilité* e seu foco voltado para as boas maneiras, o discurso refinado e a repressão sexual, que impunha normas definidas de conduta, andavam em paralelo a uma preocupação cada vez maior com a "descoberta" das crianças, principalmente nas classes sociais mais altas. Se até o século XVII elas eram vistas e tratadas como pequenos adultos, na chegada do século XVIII passam a receber atenção plena. Livros, brinquedos e maneiras especiais foram desenvolvidos para educá-las, fornecendo modelos de um comportamento perfeito.

Em seu livro referencial, *História social da criança e da família* (Ariès, 1981), o historiador francês Philippe Ariès demonstra que a infância é uma invenção ou um conceito construído socialmente na transição da sociedade feudal para a industrial. Em particular, no período reservado aos séculos XVII e XVIII se começa a pensar e a representar no Ocidente a criança como um ser diferente do adulto.

É somente a partir daí que podemos pensar os contos de fadas como textos adaptados para a educação da criança. Portanto, embora a moda dos contos de fadas incluísse histórias para adultos, muitos escritores começaram a moldá-las para atender especificamente às crianças, tornando-as veículos de civilização, já que a ideologia dos contos preparava-as para seus futuros papéis sociais. Dentro desse contexto, as histórias passam a ser adaptadas para os meninos, mas em particular talhadas para ensinar às meninas como se portar, se vestir, falar, comer, serem boas esposas.

Em resumo, os contos de fadas, com seus personagens delineados de forma clara entre bons e maus, e seus enredos em que tudo é possível, foram se tornando os textos ideais, perfeitamente talhados para servirem como verdadeiras cartilhas de bom comportamento e conduta exemplar para as crianças.

No contexto da França aristocrática, sob o reinado de Luís XIV, Perrault escrevia poemas *moralités* no final de cada conto, resumindo seu sentido e ensinando às crianças, e sobretudo às meninas, que, por exemplo, há de se ter paciência, já que essa virtude permitiu que a bela adormecida encontrasse seu príncipe depois de aguardar 99 anos mergulhada num sono profundo. Quanto ao conto "Barba Azul", ele alerta para os perigos da curiosidade feminina, pois as esposas que não resistiram à tentação e abriram o quarto proibido despertaram no terrível Barba Azul seu desejo de matar. Às meninas também foi ensinado que desobedecer às ordens da mãe poderia significar serem devoradas por lobos ou estupradas por estranhos que encontrassem no meio da floresta. E, finalmente, que ser boa, dócil e trabalhar sem reclamar até a exaustão, como o faz Cinderela na cozinha, pode ser recompensador. Afinal, nunca se sabe quando seu príncipe virá, reza a canção eternizada no desenho animado da Disney, de

1950, seguindo a linha de pensamento de Perrault, o que parecia perfeito para reforçar e atualizar os valores da sociedade patriarcal.

A apropriação dos contos pelo cinema de animação

Em 1937, Walt Disney concretizava o sonho de realizar seu primeiro longa-metragem de animação, *Branca de Neve e os sete anões*, um estrondoso sucesso que retirou os estúdios de uma grave crise financeira que assolava os Estados Unidos e o mundo. No contexto após a Grande Depressão e a Crise da Bolsa de Nova York de 1929, Disney reafirmava sua crença na grandiosidade de uma América do Norte liberal e patriarcal ao criar um desenho animado pensado para, além da beleza, levantar o ânimo do público, buscando mostrar um lado otimista da vida, enquanto muitos cidadãos enfrentavam uma terrível crise financeira. Para selar esse pacto da relação entre o conto de fadas e um clima de felicidade e poesia, lembremos da própria Branca de Neve, que, mesmo sofrendo a perseguição da madrasta, desprovida de conforto e foragida na floresta, canta alegremente com os passarinhos a canção "Meu mundo feliz". Eis que a fórmula de Disney, complementada por uma beleza estonteante, se tornou extremamente eficaz.

Alguns anos mais tarde foi a vez de *Cinderela*, lançado em 1950, produzido no início da Guerra Fria entre Estados Unidos e União Soviética em plena era do Plano Marshall – plano econômico criado pelos norte-americanos para beneficiar países europeus em grave crise por conta da Segunda Guerra Mundial. Por meio de uma consistente propaganda, o objetivo era demonstrar como os Estados Unidos seriam, a partir de então, o mais potente e próspero país do mundo. Cinderela espelha e reflete os ideais dessa sociedade pungente, patriarcal, moderna, chancelada em seriados estadunidenses como *Papai sabe tudo*, na publicidade focada na imagem da mulher dona de casa, feliz e realizada com seu "príncipe", no lar, munida de eletrodomésticos da última geração, orgulhosa do *american way of life* [modo de vida norte-americano]. Após o sucesso de público e de crítica de *Cinderela*, seguiu-se a produção de *A bela adormecida* em 1951, que foi lançado apenas em 1959. A essa altura, os estúdios Disney já criavam seu parque temático, a Disneylândia, na Califórnia, e nele podia-se visitar o Castelo da Bela Adormecida.

De modo geral, esse tipo de conto de fadas de animação, protagonizando as narrativas de princesas, garantiu longevidade e sucesso aos estúdios e esculpiu um modelo de imaginário que iria marcar de forma indelével a vida, as expectativas e os sonhos de meninas e mulheres ocidentais por anos a fio. De fato, as princesas da Disney cumpriram seu papel de construir um tipo de desejo feminino que funcionou de forma análoga às *moralités* de Perrault, carimbando modelos civilizatórios e gerando modos de viver e de desejar. E talvez esses carimbos imaginários persistam até hoje, mesmo que a própria Disney tenha criado versões mais atuais, exibindo protagonistas ativas, fortes, decididas.

Sabemos que os contos de fadas clássicos, de origem europeia, fixaram ideias de beleza de peles brancas. Em 2009, buscando reverter um pouco dessa leitura racista e parcial sobre a beleza no mundo, a Disney lançou uma versão de "O rei sapo" (*A princesa e o sapo*), baseada no conto dos irmãos Grimm, só que com uma protagonista negra. Na animação, a princesa chama-se Tiana e vive em Nova Orleans. Para além de lidar com a questão da cor da pele – já que as princesas dos contos de fadas sempre foram retratadas com a pele branca desde os primeiros registros literários –, a Disney criou também vários outros projetos com princesas fortes e destemidas.

É bom lembrar que, desde 2001, os estúdios DreamWorks haviam criado a animação *Shrek*, que questionou os padrões de beleza impostos para príncipes e princesas dos contos de fadas com as aventuras de um ogro, de pele verde, apaixonado pela princesa Fiona, que também assume uma aparência de ogra, tornando-se então mais linda e atraente para seu amado.

Já em 2010, os estúdios Disney criaram *Tangled* (*Enrolados*), baseado no conto "Rapunzel". Ele narra a história de uma jovem princesa de dezoito anos presa numa torre, dona de um longo cabelo mágico capaz de curar doenças e fazer com que a bruxa, que a mantém ali, permaneça eternamente jovem. A menina da animação é forte, ativa e se une a um ladrão chamado Flynn, que aterrissa na torre, fugindo com ele e vivendo aventuras em um mundo que ela nunca viu. Rapunzel ainda é empática, compreendendo os motivos que fizeram o rapaz se tornar ladrão. Ela consegue fazer com que a bruxa morra e se casa com Flynn.

Já em 2014, a Disney lançou o filme *Malévola*, estrelado por Angelina Jolie no papel da fada má que no conto de bela adormecida joga um encantamento sobre a menina, fazendo com que, ao se picar na agulha de uma roca, durma para sempre. No filme, aprendemos a relativizar a maldade da tal fada, compreendendo que ela era boa e protegia o povo contra os humanos. Porém, apaixonou-se por um deles, Stefan, que tinha a ambição de se tornar rei, casando-se com a princesa. Ele ainda tenta matar Malévola, mas não consegue. Ela sobrevive com o coração partido e, se sentindo traída, muda de personalidade e amaldiçoa a princesa e sua filha, Aurora (a bela adormecida no conto de Perrault). Malévola acompanha o crescimento de Aurora e afeiçoa-se a ela. No filme, é a fada, e não um príncipe, que dá um beijo na testa da menina, acordando-a e quebrando a maldição.

Todo esse movimento criativo da indústria do entretenimento em direção à quebra de um estereótipo feminino tem crescido consistentemente. Resta compreendermos como, ao mesmo tempo, continuamos projetando um certo modo de ser do feminino, que está "congelado" e que responde ao ideal dos contos clássicos. Vale a pena aqui pensar na coexistência dos modelos civilizatórios materializados nas histórias. Se hoje o patriarcado ainda existe, é porque ele é nutrido de uma forma muito profunda e resistente.

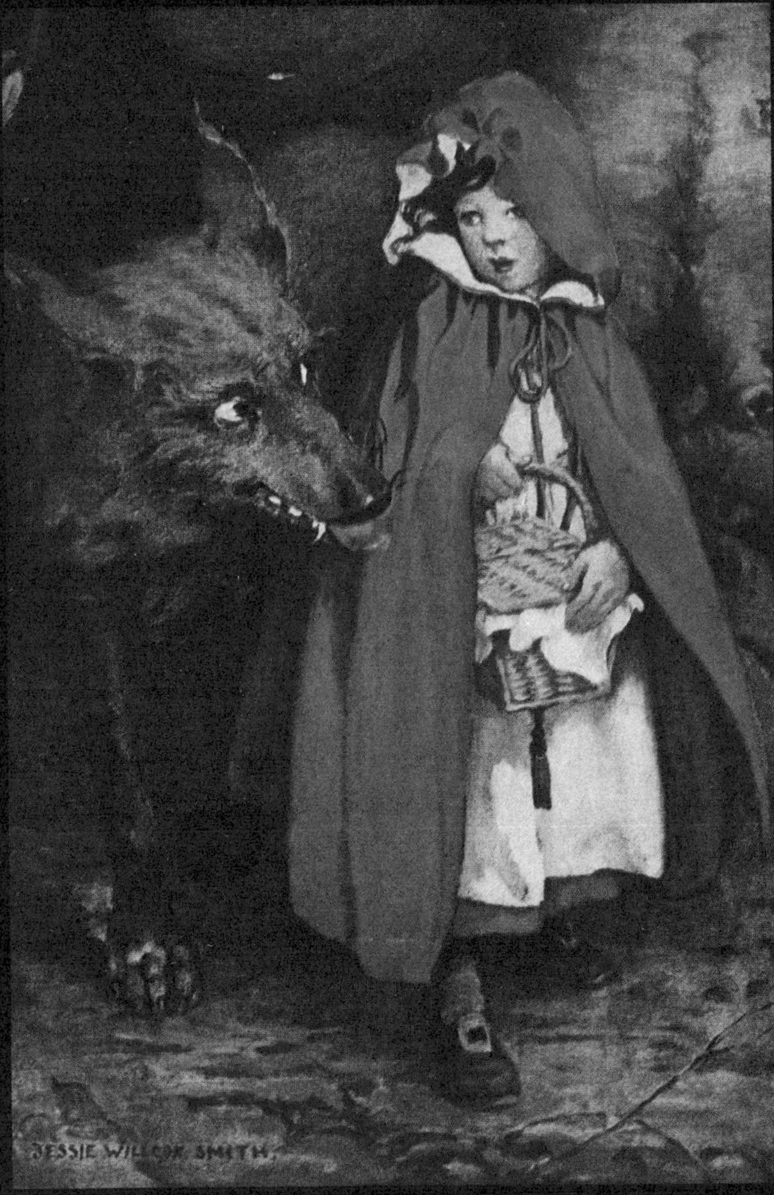
JESSIE WILLCOX SMITH.

AINDA FAZ SENTIDO CONTINUAR A CONTAR?
Os prós e contras dos contos de fadas

> *Os contos de fadas não dizem às crianças que os dragões existem. As crianças já sabem que os dragões existem. Os contos de fadas dizem às crianças que os dragões podem ser mortos.*
>
> G. K. Chesterton

Os contos de fadas não apenas ensinam às crianças lições sobre a vida, o amor e si mesmas, mas também podem promover reflexões sobre a sociedade, seus valores, sua ética, seus modos de operar. Há toda uma gama de operações de sentido que expandem o valor do aprendizado de ouvir e ler histórias, dependendo das singularidades de cada vida que as recebe. Nesse caso, para facilitar e sistematizar aspectos dos contos de fadas, enumerei aqui alguns elementos estruturais presentes nos contos e seus efeitos na percepção das narrativas e de seus conteúdos.

A repetição

Digamos que uma criança pequena, de três ou quatro anos de idade, todas as noites pede à mãe que lhe leia uma história para dormir. O ritual se repete: ela escolhe o conto preferido, que é aquele mesmo que a mãe já leu umas trinta vezes. A criança ainda não tem interesse por princesas, fadas ou bruxas e prefere o lobo mau de dentes afiados e de estômago roncando de fome. O lobo é seu grande companheiro. É seu grande amigo e motivo de assombro também. É para buscar experienciar e encontrar sentido nesse misto de atração e medo que ela volta a ele, mais e mais vezes, repetidamente. Até que algo acontece.

Bruno Bettelheim, em *A psicanálise dos contos de fadas* (Bettelheim, 1978), define contos de fadas como histórias bem delimitadas, com uma estrutura bastante definida. O autor defende que os contos, como narrativas repetidas muitas vezes, ajudam as crianças a organizar seu pensamento mais facilmente. Trata-se de um modo de fixar uma certa estrutura narrativa, não apenas externa, mas sobretudo interna. À medida que a repetição acontece, os personagens e as tramas vão sendo introjetados e, de algum modo, resolvidos internamente.

Sigmund Freud, criador do método psicanalítico, escreveu em 1914 um primoroso trabalho sobre a necessidade de recordar, repetir e elaborar como sendo parte de um movimento crucial envolvido no processo de cura e libertação de traumas. No decorrer de uma análise, o paciente tende a se lembrar de algo e então a repetir, repetir e repetir tantas vezes quanto necessário, recordando sentimentos, afetos e fantasias referentes às experiências iniciais que não foram bem integradas, utilizando a transferência com o analista para estabelecer a possibilidade de reconstruir esse processo. É nesse momento que se pode elaborar. O *recordar, repetir e elaborar* na análise oferecem, portanto, as condições necessárias para o trabalho psíquico, constituindo o próprio cerne do trabalho psicanalítico (Freud, 1980).

Traçando um paralelo com as histórias contadas e recontadas, lidas e relidas, podemos pensar a repetição dos contos de fadas atuando como uma espécie de transferência analítica, favorecendo a fluência desses processos de elaboração interna da criança.

Os estereótipos

Se para a criança o mundo aparece como uma explosão sem fim de imagens, sons e movimentos e de possibilidades sem limites, os contos de fadas têm um papel fundamental: com seus personagens delineados de modo claro entre os bons e os maus, eles proporcionam um contorno nítido, uma espécie de guia da luta humana por valores éticos que permeiam a existência.

Bruno Bettelheim defende que a estereotipia é extremamente benéfica e importante para a fixação de parâmetros existenciais. Nesse contexto, a simplicidade e o maniqueísmo (personagens são bons ou maus, sem ambivalências) dos personagens permitem que as crianças construam uma espécie de esquema narrativo inicial claro, que poderá se expandir e se tornar complexo no decorrer de seu processo de amadurecimento.

Se os dragões e os gigantes das histórias são personagens a serem combatidos em busca de força e afirmação por parte das crianças, é importante que eles sejam maus, terríveis até. Já as fadas-madrinhas devem ser a bondade encarnada. Nesse sentido, a tendência a relativizar os personagens, mostrando o lado bom dos vilões, algo típico das versões chamadas "politicamente corretas", não parece ser interessante para o processo de desenvolvimento e individuação.

Medo do lobo, medo das bruxas

Há quem diga que personagens como o lobo, ou como as bruxas, que habitam várias histórias, podem ser traumáticos para crianças. Esse pensamento inclusive tornou-se o foco de atenção de todo um movimento, em particular a partir do final dos anos 1990, que impulsionou as chamadas versões politicamente corretas dos contos de fadas para crianças, já mencionadas aqui. Nelas, por exemplo, o lobo mau torna-se bonzinho e até uma vítima dos humanos, a bruxa só é má porque está assustada, e todos se tornam modelos relativizados de boa conduta.

No entanto, pensando por outro viés, é fundamental considerar que a maldade atribuída aos lobos e às bruxas pode ser uma grande aliada na compreensão dos processos de lidar com o medo.

De fato, em vez de sentir um medo sem rosto, ou um terror difuso que a criança não sabe de onde vem – algo que pode estar relacionado com um sentimento de desamparo e com outros traumas ligados à vulnerabilidade intrínseca à própria condição humana e às incertezas de futuro –, os lobos e as bruxas cruéis podem se tornar personificações desse medo, formas materializadas que dão contorno ao sentimento. Isso significa que o medo se volta para o lobo/a bruxa. Ele se torna o protagonista de uma narrativa própria, externa ao sujeito e, assim, pode ficar do lado de fora da própria existência da criança. Com as bruxas e os lobos maus colocados num lugar "lá fora", a criança pode, finalmente, percorrer seus movimentos de vida com mais desenvoltura.

Do mesmo modo, o medo do lobo, a exemplo do caso da criança que quer ouvir a história da Chapeuzinho repetidas vezes, pode ser conversado, repetido, compreendido, para então ser colocado em seu devido lugar. Se bem contornado e delimitado, o medo tem um papel importante de nos proteger e nos manter em segurança, e, em última instância, garantir a perpetuação da vida, como afirma Maria Rita Kehl no prefácio ao livro *Fadas no divã*:

> As crianças continuam interessadas pelo mistério; se ele se empobrece, elas o reinventam. Da mesma forma, são fascinadas por tudo o que desperte nelas a vasta gama de sentimentos de medo. O medo é uma das sementes privilegiadas da fantasia e da invenção: grande parte dele provém das mesmas fontes do mistério e do sagrado. O medo pode ser provocado pela percepção de nossa insignificância diante do Universo, da fugacidade da vida, das vastas zonas sombrias do desconhecido. É um sentimento vital que nos protege dos riscos da morte. Em função dele, desenvolvemos também o sentido da curiosidade e a disposição à coragem, que superam a mera função de defesa de sobrevivência, pois possibilitam a expansão das pulsões de vida (Kehl, 2006, p. 17).

Emprestando a frase do filósofo germânico Friedrich Hegel, pensador da fenomenologia, o psicanalista Jacques Lacan nos ensina que "a palavra mata a coisa", o que significa que, ao dar nome, ou nomear algo – no caso, o medo –, pode-se, finalmente, atravessá-lo. Quer dizer, a introdução da linguagem cria uma separação entre as palavras e as coisas, num movimento que pode ser definido como uma transposição de registro. Por intermédio da nomeação, utilizando, inclusive, as histórias, algo morre no real e emerge no simbólico, passando assim a fazer parte da realidade. É preciso aqui frisar que, para Lacan, o real não é a realidade: o real está ligado a algo que não pode ser dito ou simbolizado em sua inteireza. É aquilo que não conseguimos nomear ou narrar. "Não há nenhuma realidade pré-discursiva. Cada realidade funda-se e define-se por um discurso" (Lacan, 1975, p. 33, tradução nossa). "É porque o homem tem palavras que ele conhece as coisas. E o número de coisas que ele conhece corresponde ao número de coisas que ele pode nomear" (Lacan, 1981, p. 199, tradução nossa). Para Lacan, quando dizemos ou narramos, as coisas passam a existir, pois é o mundo das palavras que cria o mundo das coisas.

Enredos tristes e violentos

Nas minhas memórias mais potentes dos contos de fadas, aquele que sempre me levou às lágrimas foi o conto "A pequena vendedora de fósforos", em que a menininha pobre e maltrapilha acende três fósforos para tentar combater a fome, o frio e a neve, até que se encontra com a avó, já falecida. Nunca me esqueci desse enredo e acho que ele me faz olhar para os que têm frio e fome de um jeito muito particular, com dor e delicadeza, algo que associo com o próprio modo de ser de seu autor, Hans Christian Andersen.

Outra história que é sempre citada pela tristeza e até violência que incita é o conto "A pequena sereia", também de autoria de Andersen. Ao fazer um pacto com a bruxa que lhe dá pernas para viver perto do príncipe, ela diz:

> Rapidamente irá perder sua cauda e ganhará aquilo que os humanos chamam de pernas. Mas isso vai doer, como se uma espada afiada te trespassasse. Depois disso seu andar será ondulante, e nenhuma dançarina andará com tanta graça. Mas, a cada passo, você sentirá como se estivesse pisando numa faca que te fizesse correr o sangue (Canton, 2014b, p. 97-98).

Essa parte do conto, que descreve as dores horríveis pelas quais a sereia passará, é tão impactante quanto inesquecível. E soma-se à dor física o fato de que a moça, sem língua e sem poder falar, ao final não fica com seu amado príncipe e se desmancha na espuma das ondas do mar.

Ainda que difícil e extremamente triste, essa narrativa faz pensar sobre o que podemos e não podemos ceder para obter o que queremos. Mesmo que não seja necessariamente compreendida de imediato pela criança, ela registra um problema, algo a se evitar, alguma coisa a ser pensada mais para a frente. Conteúdos como esses, presentes em "A pequena vendedora de fósforos" ou em "A pequena sereia", são fundamentais para contrapor a ideia de que a vida é sempre bela, fácil, lisa ou cor-de-rosa.

Há um livro chamado *Pais à maneira dinamarquesa: o que sabem os pais das pessoas mais felizes do mundo a respeito de como educar crianças mais confiantes e seguras* (Sandahl; Alexander, 2016), escrito pela jornalista norte-americana Jessica Joelle Alexander e pela psicoterapeuta e terapeuta familiar dinamarquesa Iben Dissing Sandahl, que se propõe a entender por que os dinamarqueses são considerados o povo mais feliz do mundo. Segundo as autoras, isso se justifica pelo modo como a educação é concebida no país, onde meninos e meninas são criados sem superproteção, ficando expostos a narrativas felizes, assim como histórias e filmes com finais sombrios e tristes. Baseando-se num estudo da Universidade de Ohio, as autoras escrevem que, ao contrário da crença popular, ver filmes trágicos ou tristes torna, na verdade, as pessoas mais felizes, chamando sua atenção para aspectos mais positivos de suas próprias vidas.

Finalmente, é importante acrescentar que, apesar de acreditar na potência dos contos de fadas e em suas narrativas que colocam tanto o bem quanto o mal, é preciso dosar as possibilidades de expor ou não as crianças a certos conteúdos, respeitando suas idades e suas singularidades. Nenhum exagero é saudável, mas o que se vê muitas vezes é um excesso de zelo, uma superproteção literária em relação às crianças, em que narrativas edulcoradas e isentas de todo o mal acabam nivelando, achatando e esvaziando as histórias das questões mais interessantes sobre lutas e transcendência de obstáculos. Essas versões sanitizadas acabam retirando dos contos justamente sua potência, responsável pela sobrevivência dessas narrativas ao longo da vida humana. E isso seria o fim dos contos de fadas.

O psiquiatra e escritor Celso Gutfreind (2010) relata uma pesquisa que realizou na França, em 2004, em instituições instaladas nos subúrbios parisienses com crianças que viviam em abrigos públicos e tinham sido vítimas de maus-tratos. No caso delas, a presença dos contos de fadas nas sessões de atendimento atuou como uma espécie de película que se interpunha entre os traumas do passado e os vínculos novos que poderiam vir a atacá-los, assim como havia acontecido nos vínculos do passado.

Durante as sessões, com a presença dos contos, as crianças puderam construir representações mais ricas de seus pais: para Jaqueline, a história de João e Maria serviu para que falasse dos maus-tratos, primeiro da mãe biológica e depois da mãe adotiva. A despedida entre os Três Porquinhos e sua mãe serviu para que as crianças chorassem a separação de suas próprias mães, para que expressassem, pensassem, sentissem, para que se achassem ouvidas, imagens e palavras para manter a mãe viva por dentro (Gutfreind, 2014, p. 24).

A presença dos contos nas sessões de psicanálise foi capaz de permitir às crianças chorar a separação dos pais biológicos e viver um luto que não tinha sido vivido, abrindo-as para um possível devir. Em suma, assim foi possível reconstruir, expressar e, enfim, elaborar suas próprias histórias.

O "conhecido não pensado" das histórias

A escritora e pesquisadora Maria Tatar (2004) afirma que, mesmo sem entender, utilizamos as narrativas para percorrer a vida e resistir a um mundo reprimido por uma sociedade cruel. Nós todos criamos um mundo de imaginação que, em um momento ou outro, permite nos alforriarmos da realidade indigesta da vida habitual e nos entregarmos às distrações "libertadoras" de vencer gigantescos malfeitores, bruxas más, cucas e dragões.

Os contos de fadas narram para as crianças o que elas compreendem de forma impensada: que o caráter humano não é exclusivamente bom – existem os bruxos e os mocinhos –, que o confronto é verdadeiro, que a vida pode ser ríspida, havendo lutas em direção à busca de uma certa ideia de felicidade.

O psicanalista contemporâneo Christopher Bollas (2015) utiliza o conceito de "conhecido não pensado", que faz justamente alusão às primeiras experiências das crianças, antes mesmo da aquisição de um sistema de pensamento. Autor de uma vasta obra no campo psicanalítico, nas ciências humanas e nas artes, Bollas é também escritor, dramaturgo e artista visual, e suas obras estampam as capas de seus livros. Ele formou-se em história pela Universidade da Califórnia, Berkeley, nos Estados Unidos, país em que nasceu, e fez seu doutorado em literatura pela Universidade de Buffalo, Nova York. Então, mudou-se para Londres e realizou sua formação psicanalítica na Sociedade Britânica de Psicanálise, da qual é membro.

Bollas é um dos psicanalistas mais interessantes do universo contemporâneo, possuindo um pensamento livre, independente, criativo e interdisciplinar, imerso em um profundo sentimento humanista, no qual as artes e as histórias têm um papel primordial. O "conhecido não pensado" que ele propõe refere-se a um tipo de conhecimento instintivo, que ocorre como uma experiência estética, baseada em nossas primeiras experiências no mundo dos objetos. De acordo com Bollas, os primeiros sentidos testemunhados na vida, sejam eles traumáticos ou generativos, não são pensados, pois são pré-pensamento, e só são conhecidos a partir de uma combinação entre o que vemos, ouvimos, sentimos e aquilo que é nosso "idioma", nossa impressão digital única com a qual nascemos e que dá forma à nossa singularidade.

Penso no relato dado a mim pelas coreógrafas norte-americanas Maria Lakis, Tamar Kotoske e Mary Richter, que criaram nos anos 1980 e 1990 um coletivo chamado Kinematic, cuja obra é apresentada e discutida em meu livro *E o príncipe dançou...* (Canton, 1994). Em seu trabalho, as três mulheres se propuseram a encenar espetáculos de dança-teatro baseados em contos de fadas, sem deixar "pistas" explícitas de seus respectivos enredos para os espectadores. Por exemplo, na obra "A menina sem mãos", as artistas cortaram as páginas do texto ao meio, na horizontal, e uniram partes desconexas. Enquanto a voz de um narrador, em *off*, lia aquele texto feito com partes desconexas dos contos, as integrantes do Kinematic criavam gestos e movimentos que respondiam apenas à sonoridade das palavras, e não a seu conteúdo.

Uma das coisas mais interessantes desse processo foi o testemunho do grupo a respeito de como, ainda que a narrativa tivesse sido desconstruída ao extremo, havia algo de um "conhecido não pensado", algo que restava, algum rastro de percepção que intuía tratar-se daquele conto, um conhecimento que transbordava da ação, sugerindo que as narrativas clássicas ocupam um lugar amplo de pertencimento humano.

A semelhança com as fases da vida

Em seu livro *O herói de mil faces* (Campbell, 1995), Joseph Campbell mostra-nos que os contos de fadas, à semelhança de outras narrativas, compartilham um mesmo formato: há sempre um herói (ou uma heroína) que sai de seu lar ou da comunidade onde vive; geralmente ele tem um problema grave e, então, parte em direção a sua resolução, envolvendo-se em uma aventura, procurando algo ou alguém, em busca daquilo que precisa ser ou encontrar. Durante sua viagem, depara-se com personagens, bons ou maus, entre eles um antagonista e uma figura sábia. Até que, num dado momento, o herói/heroína recebe um poder ou conquista um objeto que lhe será útil para alcançar seu objetivo. O protagonista usará então seu poder e a ajuda de seus companheiros para derrotar o inimigo – ou conquistar o amor. Regressa depois para junto de sua comunidade inicial, onde é nomeado o herói/a heroína.

Campbell alude ao fato de que essa trajetória do herói (ou da heroína) é também, em maior ou menor grau de intensidade, a trajetória da vida de cada um de nós. Ou seja, há um percurso que envolve o nascimento, a vida contornada pela autoridade dos pais, na infância, até o ponto em que o sujeito se lança para fora desse contorno parental. Então, há uma ruptura e uma abertura, não sem sentimentos de medo e perigo, para que se efetuem as construções inerentes à vida adulta.

Nesse sentido, ainda que emoldurado com doses de encantamento, de ajudas mágicas e de simbolismos, o ciclo de um conto de fadas reproduz o próprio movimento incessante da vida.

Joseph Campbell (1995), escritor e professor estadunidense e especialista em mitologia universal, desenvolveu um estudo seminal sobre a figura do herói, presente em culturas da pré-história aos dias atuais, e analisou a semelhança entre mitos de diferentes civilizações. Nessa análise, em particular em seu livro *O herói de mil faces*, publicado originalmente em 1949, Campbell identificou uma jornada comum percorrida pelos heróis de todas as narrativas ao longo do tempo. Essa jornada, fruto de uma pesquisa que se estrutura utilizando sua criação e obras como a teoria dos arquétipos de Jung e as forças do inconsciente de Freud, foi desenhada por ele com dezessete etapas e, mais tarde, foi estudada e redesenhada por diversos autores.

Por sua vez, o roteirista de cinema Christopher Vogler adaptou essa pesquisa e estruturou a jornada do herói num percurso de doze etapas. Com base na obra de Campbell, Vogler (2015) escreveu um guia chamado *A jornada do escritor: estruturas míticas para novos escritores*, utilizando como prática o estudo do roteiro de vários filmes paradigmáticos da história do cinema. Publicado em 1992, o livro de Vogler foi responsável por levar a teoria de Campbell para os estúdios da Disney, marcando muitos roteiros desde então.

Seu guia propõe os seguintes passos:

JORNADA DO HERÓI

ATO I

1. O mundo comum
É onde começa a narrativa, onde vive o herói antes de iniciar a aventura.

2. Chamado à aventura
Evento que muda a vida do herói, quando ele recebe sua missão ou é convidado para uma jornada longe de casa.

3. Recusa ao chamado
Por algum motivo, o herói não aceita de imediato, ou recusa o chamado.

4. Encontro com o mentor
Uma figura protetora, um mestre, ajuda o herói e lhe dá suporte moral, poderes ou armas para que inicie sua jornada.

ATO II

5. Travessia do primeiro limiar
O herói vai do mundo comum para o mundo da aventura, que pode ser mágico ou sobrenatural. Normalmente o herói enfrenta um guardião entre os dois mundos.

6. Testes, aliados, inimigos
No novo mundo, o herói enfrenta dificuldades e desafios, se transformando e se fortalecendo com isso, conquista aliados e enfrenta seu inimigo. Passa a conhecer as regras do novo mundo.

7. Aproximação da caverna oculta
O herói chega ao lugar perigoso, onde está o que ele busca.

8. Provação
A grande prova do herói. Ele enfrenta a morte, conhece o desconhecido, aprende. É seu teste final.

9. Recompensa
A conclusão da tarefa do herói; ele alcança seu estágio mais avançado após sobreviver à morte; é o momento de celebrar e ser recompensado.

ATO III

10. Caminho de volta
O herói ainda está no lugar de perigo e precisa retornar; irá lidar com as consequências de ter enfrentado o grande poder.

11. Ressurreição
O herói se purifica para o retorno, se transforma para poder voltar a sua vida comum como um novo ser.

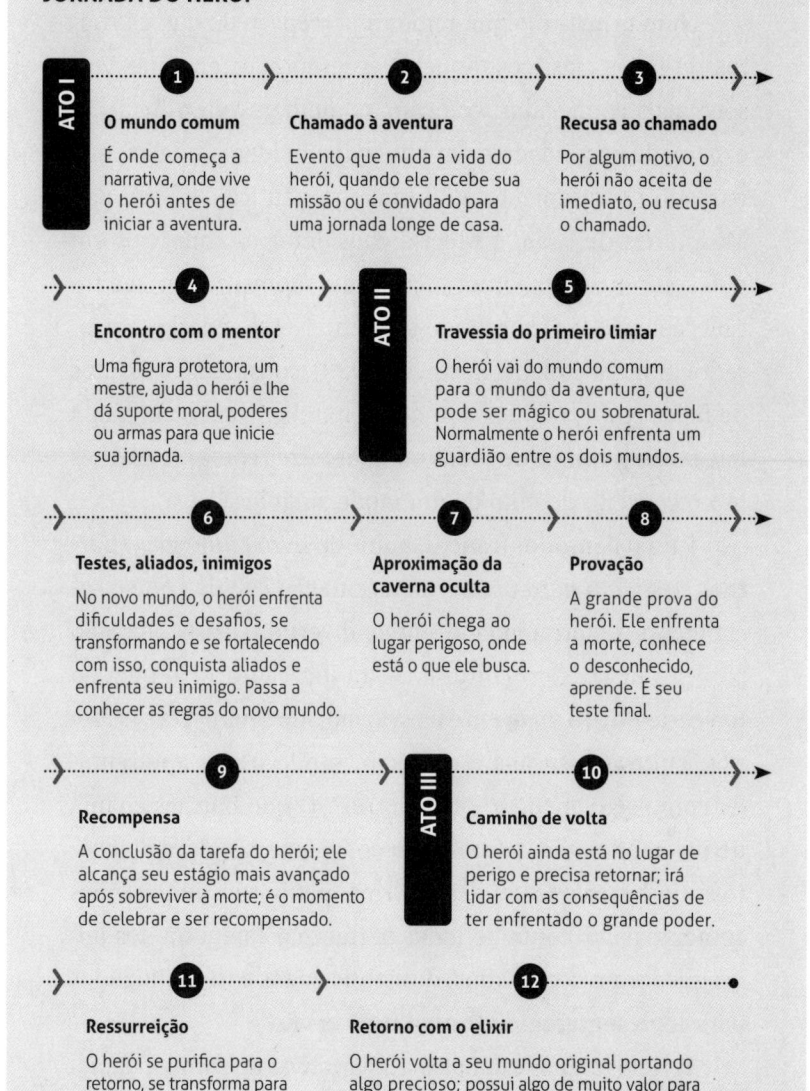

12. Retorno com o elixir
O herói volta a seu mundo original portando algo precioso; possui algo de muito valor para todos. Essa conquista pode ser um bem material ou algo como sabedoria, amor, liberdade.

O papel da mulher

Num primeiro olhar, temos a percepção de que os contos de fadas clássicos, aqueles apresentados em suas versões mais conhecidas, colocam as mulheres num lugar de espera, de fragilidade e em busca de um ideal de felicidade baseado no casamento e na união romântica com seu par. Mas, antes de tudo, é preciso considerar os contextos em que essas histórias foram escritas e o momento em que foram "congeladas", tornando-se *mitos*. Nesse sentido, o pensador francês Roland Barthes (1980) considera os contos de fadas *mitos*, não no sentido da mitologia clássica, ainda que mitos e contos de fadas tenham raízes comuns. Barthes usa o conceito de *mito* de um modo singular.

Para o pensador francês, autor do livro *Mitologias* (Barthes, 1980), o *mito* é uma representação coletiva que é socialmente determinada e então invertida, para que não pareça um artefato cultural. A mitificação ocorre quando um certo objeto ou evento é esvaziado de seus aspectos morais, culturais, sociais e estéticos, sendo assim apresentado como algo "neutro" ou "natural". O que Barthes chama de inversão mítica refere-se ao congelamento de um evento sócio-histórico que, dessa forma, perde suas implicações contextuais. O conto de fadas pertence à categoria dos *mitos* que foram congelados, desistoricizados e despolitizados para representarem narrativas universais.

Vejamos alguns exemplos. As narrativas de Perrault datam do final do século XVII e os contos clássicos dos irmãos Grimm foram escritos entre 1812 e 1857 – esses foram os textos literários que serviram de base para muitos filmes da Disney reconhecidos em todo o mundo e congelados no tempo. Mas sabemos que desde esses períodos muita coisa mudou.

O lugar do feminino torna-se um dos mais exemplares modelos de "congelamento" ou inversão mítica. Até meados do século XX, era socialmente esperado que a mulher vivesse em casa com os pais e guardiões até conhecer um homem que a sustentasse, com o qual se casaria para sempre – é bom lembrar que o divórcio também era malvisto.

Hoje a mulher tem o poder e a liberdade de partir em direção à própria "aventura heroica", que é o que novas vozes da literatura têm buscado apresentar. Como diz Jack Zipes na entrevista a Paulo César Ribeiro Filho publicada na revista *Literartes*:

> Se há um problema nos contos de fadas e na literatura de fantasia em relação ao sexismo, racismo, infantilismo e outros ismos, não é por falta de contos, filmes, peças de teatro e até óperas que fazem valentes esforços para compensar as injustiças do passado. Certamente, Tolkien e Rowling são antiquados e se curvam ao patriarcado.
> No entanto, ainda existem elementos de suas obras que falam aos oprimidos e incompreendidos, independentemente de gênero e etnia. Dito isto, há uma tendência atual e muito bem-vinda de centenas de jovens escritores e artistas de todos os países do mundo que estão explorando o gênero conto de fadas para expressar, para dar voz, às esperanças de minorias de todos os tipos (Ribeiro Filho, 2019, p. 20).

Há que se considerar que uma leitura enviesada em relação às histórias mais populares pode conter perspectivas de construção narrativa que, mesmo servindo ao reforço da sociedade patriarcal, oferecem escapes que subvertem essa lógica da mulher frágil, deixando entrever uma enorme força feminina. É como se pudéssemos escutar e observar essas histórias através de uma fresta, revelando a potência de mudanças que escapam ao texto do lugar-comum.

Tomemos como exemplo Cinderela, que, diante da opressão do trabalho forçado em casa, da inveja das irmãs e das injustiças da madrasta, tem a coragem de partir sozinha à noite para um baile real num ambiente desconhecido, onde é obrigada a se confrontar com a corte aristocrática, que lhe é estranha.

A protagonista de "Pele de asno" toma a iniciativa de fugir numa pele de animal morto, na madrugada, e enfrenta o medo e os perigos da noite sozinha na floresta. Então refaz sua vida como empregada de um reino desconhecido para escapar de um pai que a deseja incestuosamente.

"A menina sem mãos" também é um caso de extrema coragem. Após ter suas mãos cortadas pelo próprio pai, que havia feito uma promessa terrível de entregá-la ao diabo (ainda que o fizesse de forma desavisada e equivocada), foge de casa na madrugada em direção à floresta desconhecida, vivendo durante um tempo apenas de frutas que conseguia apanhar com a boca.

Maria (ou Gretel), do conto de "João e Maria" ("Hänsel und Gretel"), é a grande responsável pela salvação dos irmãos, pois, enquanto João está preso na jaula, é ela quem corajosamente arquiteta a captura da bruxa, ligando o forno e empurrando a malvada para dentro dele, salvando os dois.

Branca de Neve, ao fugir para o bosque, passa a se relacionar com sete anões, pequenos homens desconhecidos, e estabelece com eles uma negociação pela sobrevivência, trocando afazeres domésticos por casa e comida.

Gerda, a menina da dupla Kay e Gerda, do conto de Andersen "A rainha da neve", é a única responsável pelo resgate do amigo que está encantado e com o coração congelado, e, para isso, percorre o mundo inteiro sozinha, de forma destemida e inteligente. Quando o vê e suas lágrimas derretem a dureza gélida de seu coração, o menino é resgatado e eles já não são mais crianças.

É muito impactante percebermos como algumas personagens femininas nos contos são responsáveis por devolver aos homens sua humanidade perdida, como acontece literalmente nos contos "A bela e a fera" e "O príncipe sapo" (ou "O rei sapo"). As mulheres são aquelas capazes de transgredir o interdito, como é o caso da esposa do Barba Azul, que entra no quarto proibido onde estão os corpos de mulheres, ou a própria Cinderela, que entra num baile para o qual não havia sido convidada.

Esse tipo de leitura, que enxerga outras posições femininas nos contos, nem sempre se revela de forma fácil numa primeira impressão. Há que se deter nos enredos. Eles furam a lógica patriarcal, fazendo buracos onde a proposta civilizatória, desde os tempos pré-medievais, apresentava um comportamento social em que o feminino é frágil, gentil, delicado e necessita da contraparte masculina para se inscrever no mundo.

Como explica Marina Warner, em *Da fera à loira: sobre contos de fadas e seus narradores* (Warner, 2000), os personagens de contos de fadas são pessoas comuns, inclusive as mulheres, que se veem compelidos a lutar contra o mal. Nesse contexto, a coragem é sempre um elemento muito importante. A autora aponta para o fato de que as protagonistas princesas, normalmente fragilizadas, são, em sua maioria, criações de escritores franceses do século XVII e XVIII que acabaram permanecendo nos imaginários coletivos. Mas, mesmo na condução dessas personagens, há sempre uma dose de força, ainda que embutida. De fato, as atitudes femininas nos contos de fadas merecem um estudo mais aprofundado e muitas vezes parecem romper e subverter a ordem das histórias clássicas, mesmo nas versões mais propensas a um reforço da sociedade patriarcal, nas quais se espera a existência de um feminino delicado, obediente e servil. De novo, a história nem sempre é bem aquela.

A esperança

Para mim, desde criança, o lado mais belo e significativo de um conto de fadas sempre esteve associado a sua capacidade de produzir esperança. Mas não se trata de uma esperança plena, lisa, a priori, ou mesmo transcendente, ligada a algum tipo de religiosidade. A esperança alavancada pelas histórias incita um modo de pensar como potência ativa dos personagens que se lançam em uma luta, muitas vezes desesperada, por uma vida melhor.

No espírito do que diz o filósofo francês André Comte-Sponville (2001), em seu livro *A felicidade, desesperadamente*, é preciso desejar de forma desesperada – agindo –, acreditando sempre e sem restrições que se alcançará de fato uma vida melhor, o que, nos contos de fadas, se traduz na crença de que se pode contar com ajudas mágicas de fadas-madrinhas, lutar com dragões e gigantes terríveis, vencer bruxas e encontrar casas de doces quando se está morrendo de fome.

A qualidade potente de esperançar, nos contos, está enredada na aposta humana de que as histórias não são fixas e de que há sempre uma possibilidade de mudança e de reinvenção. Enquanto há vida, há plasticidade.

Jack Zipes, em entrevista à revista *Literartes*, comenta essa potência da esperança:

> Os contos de fadas emanam da esperança, dos devaneios/sonhos diurnos (e não dos sonhos noturnos ou da Igreja), de que a vida pode ser melhor aqui e agora. Apesar dos milagres e da magia nos contos, eles tendem a ser materialistas, pois se originam de conflitos reais pelos quais as pessoas passam, fazendo uso de metáforas e da concretização desses devaneios para indicar como nós podemos resistir a autocratas e reis. De certo modo, os contos de fadas sempre têm um toque revolucionário, o que (Ernst) Bloch chamou de *spuren* (traços), que são índices de como podemos promover a justiça social e trazer à tona a igualdade social. Lembre-se, somos todos indivíduos diminutos, formiguinhas, que povoam o universo, e os contos de fadas revelam como as pequenas criaturas, soldados, alfaiates, crianças abusadas, vítimas femininas e animais indefesos encontram, de alguma forma, seu caminho para desfrutar de um pouco de felicidade, pois eles têm integridade e nunca abandonam a esperança de que sua situação pode mudar (Ribeiro Filho, 2019, p. 19).

Justiça social

É possível pensar na esperança ao lado de uma busca pela justiça social. É como se a esperança fosse um motor acionado pelo desejo dos personagens e, muitas vezes, acelerado pela força de alguma ajuda mágica.

Podemos pensar na esperança do Patinho Feio, que, afinal, encontra sua família de cisnes; na esperança de Cinderela, antes maltratada, de mudar de vida e encontrar o amor. São muitos os protagonistas das histórias que se alimentam de uma esperança que não para de existir, como um fio que desemboca no momento do "felizes para sempre", que é, por sua vez, um tempo mágico, no qual alguma forma de justiça pode finalmente começar a existir. É nesse sentido que alguns autores e pesquisadores de contos de fadas, como Marina Colasanti, alegam que esses contos de magia se localizam em um "tempo sem tempo". O "felizes para sempre" pode não ser o fim, e sim o início dos contos (A Potência..., 2020).

Jack Zipes diz que uma das maiores fontes de atração dos contos de fadas é a segurança que eles emanam de que alguma justiça será feita, cedo ou tarde, e que, na maioria das vezes, as histórias terminam com uma nota que proporciona felicidade às pessoas que têm lutado. Eis o poder da fantasia:

> Você não pode matar ou banir a fantasia. Como Bloch aponta no início de *The principle of hope* [O princípio da esperança], cada um de nós tem devaneios fantásticos todos os dias que não podem ser eliminados ou banidos por forças conservadoras. Todos sentimos, desde o nascimento até a morte, que algo está faltando em nossas vidas, e nossas vidas se voltam para a busca de significado por meio de um

desejo de escapar do corrupto e perverso mundo em que vivemos (Ribeiro Filho, 2019, p. 22).

A produção de identificações

Alguns personagens dos contos vivem situações de abandono, de orfandade e de maus-tratos. Cinderela, a Bela, de "A bela e a fera", e Branca de Neve, por exemplo, são órfãs. Cinderela vive uma situação de abuso por parte da madrasta e suas filhas. João e Maria são abandonados na floresta. Todas essas situações são passíveis de serem identificatórias por parte das crianças que vivem conflitos análogos. Elas fornecem material simbólico muito importante para a própria compreensão e elaboração desses conflitos.

> Nesse viés, mesmo as crianças menores conseguem identificar facilmente o *modus operandi* das principais personagens, torcendo sempre para as personagens centrais de cada conto, pois as figuras nos contos de fadas não são ambivalentes – não são boas e más ao mesmo tempo, como somos todos na realidade. Mas, dado que a polarização domina a mente da criança, também domina os contos de fadas. Uma pessoa é boa ou má sem meio-termo. Um irmão é tolo, o outro é esperto. Uma irmã é virtuosa e trabalhadora, as outras são vis e preguiçosas. Uma é linda, as outras são feias. Um dos pais é todo bondade, o outro é malvado (Bettelheim, 1979, p. 17).

Contos de fadas trazem referências sociais que lembram quem somos nós. Muitas vezes, crianças querem se fantasiar de acordo com as personagens com quem se identificam ou com quem desejam se identificar. Esse processo de imitação, para além de identificatório, também fala de um pertencimento a uma série de referências sociais e civilizatórias. Falar de lobo, por exemplo, nos liga à imagem do lobo mau, assim como um espelho nos remete ao "espelho meu" da Branca de Neve. São marcas de pertencimento a uma determinada sociedade em que vivemos. Em outras palavras, incorporar referências dos contos clássicos nos situa dentro de um determinado contexto sócio-histórico, dentro de uma determinada civilização.

O princípio de realidade e o princípio do prazer

Um outro aprendizado importante retirado dos contos de fadas se liga à oposição entre o princípio do prazer e o princípio da realidade, de que fala Freud no texto *Além do princípio do prazer* (Freud, 1969), de 1920.

Podemos falar do princípio de realidade como um investimento psíquico que compreende uma necessidade de adiamento da gratificação. Tal princípio opõe-se ao princípio do prazer, que nos leva a buscar o prazer e evitar a dor a qualquer custo. Ainda que os dois princípios tendam a caminhar juntos, faz parte do amadurecimento humano ser capaz de sintonizar e modular esses princípios, aprendendo a adiar o prazer imediato para lidar com demandas do concreto quando isso se faz necessário.

O conto de fadas *A história dos três porquinhos* (Jacobs, 2010), um clássico descrito por Joseph Jacobs em 1853, escritor e pesquisador australiano que viveu em Londres, fala de um lobo que está faminto e tenta comer três porquinhos que vão se abrigar em suas respectivas casas. O primeiro porquinho, bem preguiçoso, abriga-se numa casa feita rapidamente, de palha. Agindo apenas em resposta ao princípio do prazer, ele constrói uma casa que não dá sentido à realidade. Resultado: sua casa é logo soprada e derrubada pelo lobo. O segundo porquinho faz um trabalho um pouco melhor, mas ainda é pouco cuidadoso: faz uma casa de madeira, e também não é capaz de adiar de forma consistente seu prazer, dedicando-se a construir uma casa mais resistente, como seria necessário. Faz um trabalho que fica no meio do caminho entre o prazer imediato e a dedicação, que demandaria mais tempo. Ainda que o lobo demore um pouco mais ali, ele também acaba derrubando a casa de madeira.

Os dois porquinhos conseguem correr e se abrigar na casa de um terceiro. Esse porquinho é aquele que, de fato, soube introjetar o princípio de realidade, adiando seu prazer em troca de uma possibilidade concreta de se salvar. Trata-se de um investimento psíquico naquilo que trará conforto, ainda que a posteriori. Esse terceiro porquinho constrói uma casa de concreto, que o lobo não consegue derrubar. Ao contrário, entrando pela chaminé, cai no fogão aceso e morre.

Gerenciamento das emoções e exercícios de resiliência

Os contos de fadas ajudam as crianças a entenderem o mundo ao seu redor e são importantes porque permitem que elas experimentem coisas em suas mentes antes mesmo de vivenciá-las no mundo concreto. Essas histórias mostram que as pessoas enfrentam adversidades, e seus enredos podem ajudar as crianças a confrontarem medos e ansiedades da vida real em um ambiente fantástico e, portanto, protegido.

Ali há o encontro com uma narrativa que explica ou que dá contorno a uma possibilidade concreta. Contos organizam. No processo de narrativização, as histórias passam a projetar o que antes aparecia como um caos interno, dando corpo e estrutura às emoções. Nesse sentido, podemos pensar que um vazio narrativo é a falta total de parâmetros para a organização de uma vida.

Assim, os contos tornam-se instrumentos de trabalho que moldam e modulam a subjetividade, construindo verdadeiros mundos internos. Nesse mundo estruturado, por exemplo, uma mãe boa está em oposição a uma madrasta má, mesmo quando essa mãe está impondo limites difíceis de aceitar por parte da criança.

Bruno Bettelheim defende a presença do mal nas histórias para crianças:

> Não é o fato de a virtude vencer no final que promove a moralidade, mas de o herói ser mais atraente para a criança, que se identifica com ele em todas as suas lutas. Devido a esta identificação, a criança imagina que sofre com o herói em suas provas e tribulações e triunfa com ele quando a virtude sai vitoriosa. A criança faz tais identificações por conta própria, e as lutas interiores e exteriores do herói imprimem moralidade sobre ela (Bettelheim, 1978, p. 15-16).

Por meio dos contos de fadas, as crianças têm também a oportunidade de imaginar e pensar de modo criativo. A imaginação promove o desenvolvimento socioemocional, que por sua vez desenvolve o pensamento crítico e cultiva habilidades criativas na resolução de problemas.

De fato, na construção das histórias, artisticamente, os contos de fadas proporcionam uma organização simbólica, por meio da qual as crianças conseguem projetar desejos, medos, espelhar e refletir questões inconscientes que a partir do reconhecimento metafórico são apreendidas por elas. Em suma, com os contos de fadas a criança tem a oportunidade de brincar, sofrer e se maravilhar com os mistérios da vida. Sigmund Freud fala desse gerenciamento emocional como capacidade de simbolização, o que seria a substituição de um afeto por uma representação. O afeto da angústia, por meio das histórias, ancora-se numa representação narrativa que lhes atribui contorno, significado e um lugar seguro, diminuindo essa angústia.

Em *Escritores criativos e devaneios*, de 1908, Freud homenageia escritores e suas histórias, aproximando a arte de escrever da brincadeira das crianças.

> Acaso não poderíamos dizer que ao brincar toda criança se comporta como um escritor criativo, pois cria um mundo próprio, ou melhor, reajusta os elementos de seu mundo de uma nova forma que lhe agrade? Seria errado supor que a criança não leva esse mundo a sério; ao contrário, leva muito a sério a sua brincadeira e dispende na mesma muita emoção. [...] O escritor criativo faz o mesmo que a criança que brinca. [...] A irrealidade do mundo imaginativo do escritor tem, porém, consequências importantes para a técnica de sua arte, pois muita coisa que, se fosse real, não causaria prazer, pode proporcioná-lo

como jogo de fantasia, e muitos excitamentos que em si são realmente penosos podem tornar-se uma fonte de prazer para os ouvintes e espectadores na representação da obra de um escritor (Freud, 1987, p. 137).

Um possível contra: a idealização da beleza e do amor

Uma das principais questões que assombram os contos de fadas é a beleza irreal de suas protagonistas, meninas e princesas.

Por exemplo, nos contos de fadas, princesas e príncipes são sempre descritos como lindos. As mulheres são sempre bonitas, com cabelos esvoaçantes, olhos grandes, lábios de cereja, pernas longas, mãos pequenas e cinturas minúsculas, enquanto os homens são sempre enormes, altos e musculosos, com cabelo e estrutura facial perfeitos. Isso pode levar a problemas de baixa autoestima e imagem corporal quando as crianças pensam que precisam se parecer com os personagens para poder encontrar seu verdadeiro amor. Alguns críticos atestam que as meninas que leem muitos contos de fadas ou assistem a muitos filmes relacionados com contos de fadas têm imagens de si mesmas inferiores às de outras. Se eles não são bonitos como os personagens, podem pensar que não são bons o suficiente, o que pode levar a pensar que não são merecedores de serem amados.

As pesquisadoras de estudos feministas Baker-Sperry e Grauerholz (2003) observam, entre outras coisas, que o ideal de beleza feminina pode funcionar como modo de controle social, na medida em que a preocupação das mulheres com a aparência física acaba por absorver tempo, dinheiro e energia, que poderiam ser gastos melhorando seu status social, por exemplo. É como na lógica do Absolutismo, quando Luís XIV, o chamado Rei Sol, promoveu na corte francesa do século XVII uma moda barroca que envolvia usar vestimentas em camadas, maquiagem (mesmo para homens), muitas joias e calçados difíceis de colocar, mantendo as pessoas ocupadas, enquanto ele reinava sozinho.

Quanto à fixação aparentemente universal com a beleza feminina, a escritora Marina Warner prefere interpretá-la como metáfora. Ela utiliza o conto "A bela e a fera" para exemplificar seu conceito, alegando que

> a ameaça do outro é enfrentada, negociada e exorcizada pelo final do conto de fadas; o protagonista, negativamente carregado, revela-se precioso, como em tantos contos de fadas nos quais um urso feroz ou um sapo asqueroso se revela um Príncipe Encantado (Warner, 2000, p. 312).

A transformação da fera em príncipe parece questionar a dicotomia entre o belo e o feio, mas, por outro lado, também tem sido o grande ponto de mutação de releituras contemporâneas escritas por mulheres, que tratam esse momento de modo bem mais subversivo. Um exemplo é o conto "The tiger's bride" [A noiva do tigre], da escritora inglesa Angela Carter, que faz parte da coletânea *The bloody chamber* (Carter, 1979). Nele, Carter subverte o conto e transforma a bela em uma fera, que está agora feliz com sua "nova e bela pelagem", que se revela após seu desnudamento diante da fera, nesse caso, um homem-tigre, ao se deixar ser lambida por ele até que "cada golpe de sua língua [arrancasse] camadas sucessivas de pele, todas as peles de uma vida no mundo, e [deixasse] para trás uma nascente pátina de pelos brilhantes" (Carter, 1979, p. 67, tradução nossa).

A remoção de todas as camadas da pele antiga da heroína e a revelação de sua pelagem podem ser interpretadas como uma libertação de todas as regras físicas e sociais impostas à moça pela civilização, libertando-a. É interessante pensar como Angela Carter opera a transforma-ação (a ação é tomada pela princesa), com bela transmutando-se de humana a animal.

Nesse, entre outros casos de releituras dos contos de fadas tradicionais, o que se põe à mostra não são regras ou modelos de comportamento, mas possibilidades de reinvenção da narrativa nas quais essa justaposição entre felicidade e beleza (uma beleza dada, fixa, culturalmente determinada pelo patriarcado) pode ser revista, libertada e modificada, abrindo-se para múltiplas possibilidades de existência.

Um antídoto: a versatilidade dos contos

Sob o título "Está na hora de reescrevermos contos de fadas?", a jornalista da BBC de Londres Hephzibah Anderson (2019) entrevistou a escritora Sally Gardner a respeito de seu livro *A beleza do lobo* (Delaney, 2019). Assinado sob o pseudônimo Wray Delaney, trata-se de um conto fantástico e complexo ambientado na Inglaterra. Em seu depoimento a Anderson, Gardner afirma que os contos de fadas são textos poderosos ao extremo, graças, justamente, à versatilidade. Ela explica:

> Em João e Maria, por exemplo, a criança feliz vê a velha casa bolorenta, a criança infeliz prova o pão de gengibre, a criança traumatizada conhece a sensação dos dedos da bruxa ossuda... As histórias de fadas dão poder às crianças. Se você der um livro realista para uma criança "presa em uma torre" com uma mãe viciada e seu companheiro traficante de drogas, ela vai achar que não há saída. Dê-lhe *Rapunzel* e você lhe dará esperança (Anderson, 2019; tradução nossa).

Sally Gardner acredita que há sempre a possibilidade de a criança identificar-se com uma variedade de personagens, e não necessariamente com a princesa, em geral uma estereotipia da beleza.

> Num conto de fadas, você pode ser qualquer coisa, pode ser a bruxa. E é importante lembrar que esses contos são antigos. Explicar isso a uma criança pode ajudar a superar sua fixação com a beleza (Anderson, 2019).

As diferentes versões dos contos de fadas demonstram a elasticidade ou plasticidade das narrativas humanas. Elas permitem que as crianças busquem construções originais, invenções próprias para suas necessidades (que são sempre singulares). Por meio de um leque aberto de narrativas, faz-se um tributo ao reconhecimento da alteridade, ao pluralismo, à complexidade, à sustentação de conflitos e à articulação das diferenças.

Há sempre um jeito próprio de reinventar a vida!

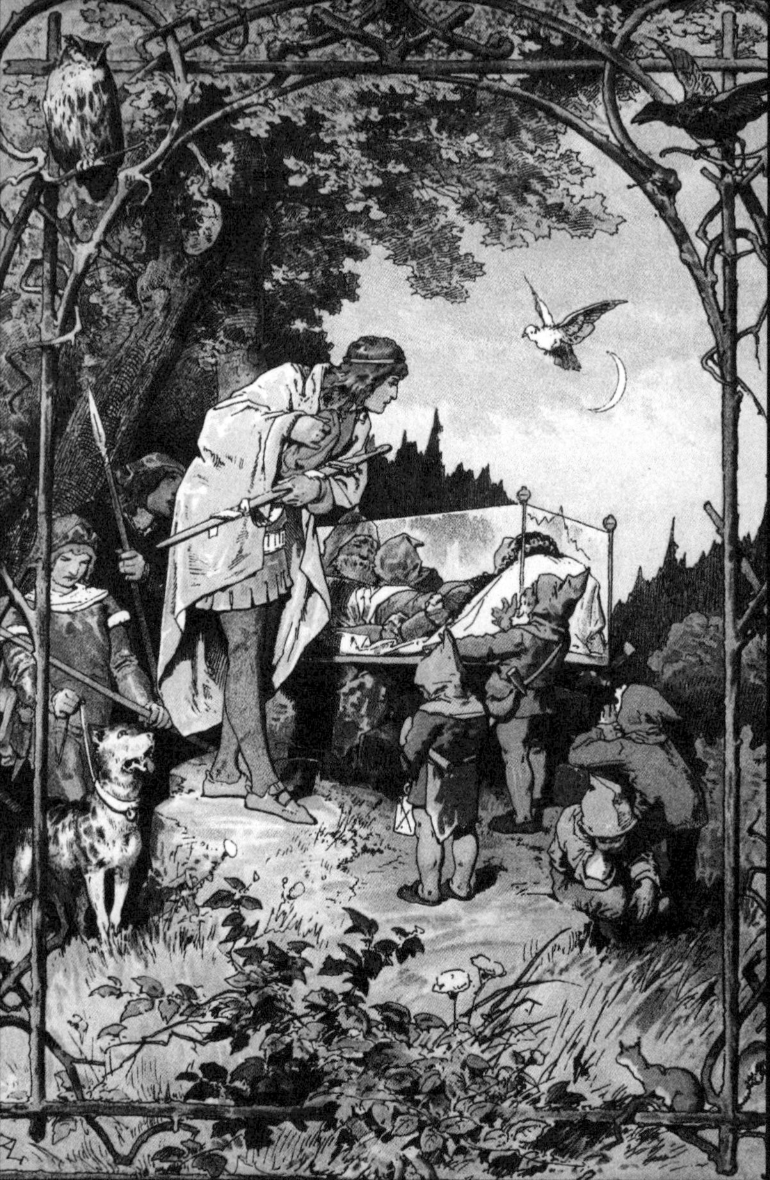

CAIXA DE FERRAMENTAS

Como trabalhar com contos de fadas em sala de aula? Como pensar as possibilidades terapêuticas dos contos?

A razão pela qual sempre fomos atraídos por contos de fadas é a sua segurança. Eles oferecem mundos contrários ao nosso mundo real; contramundos em que há sempre justiça.

Jack Zipes

Para iniciar, gostaria de levantar alguns pontos muito importantes. A contação de histórias nasceu antes da escrita e ainda é (e sempre será) uma das formas de comunicação e troca mais interessantes que existem para unir seres humanos. E a contação de histórias abre essa "caixa de ferramentas" histórica, oferecendo alguma segurança para que as pessoas possam continuar a viver e a seguir o caminho de seus desejos. Nessa caixa, vale a pena pensar em todos os materiais simbólicos que podem ser encontrados, buscando uma forma mais sustentável de viver social e psiquicamente.

Contos de fadas como obras de arte

Contos de fadas são obras de arte, heranças vivas da humanidade que foram criadas e recriadas, na voz e na escrita, por milhares de pessoas (reconhecidas ou anônimas). É importante lembrar que, desde a época das cavernas, os contos de magia foram criados e materializados para diferentes necessidades humanas, como amenizar dores e medos, dar exemplos de conduta, viajar na imaginação. Suas narrativas são construções subjetivas e simbólicas inventadas como formas estéticas. São as histórias que nos fazem humanos!

Esse aspecto do conto como obra de arte pode ser a primeira coisa a se explorar dentro de um contexto educativo. Ainda mais em sala de aula, onde se pode contar com ferramentas artísticas (lápis, papel, tintas, materiais recicláveis).

Projetos interdisciplinares

Contos de fadas se dão perfeitamente a uma educação plural e multidisciplinar pois permitem ser trabalhados como projetos em várias áreas do conhecimento, como artes, história, geografia, português, matemática, ciências. Mas, de fato, nesse caso, demandamos uma complexidade de trabalho que se torna mais adequada às crianças um pouco mais maduras, com idades a partir de oito ou nove anos. Mais à frente, compartilho algumas ideias que podem ser repensadas ou expandidas de outras tantas formas quanto a imaginação permitir.

A força das palavras

A contação pressupõe uma participação ativa e pode estabelecer uma ponte de troca imediata. Ao mesmo tempo, abre mais possibilidades de interpretação e de interiorização por parte da criança ouvinte. Ao contar, você estabelece uma conversa e uma troca com o ouvinte, que é convidado a interagir.

A contação de histórias desperta a sensibilidade da criança para diferentes formas de linguagem e possui um efeito extremamente positivo em relação à atenção seletiva, ou seja, à capacidade de se desligar de outras fontes de estímulo, mantendo-a concentrada na mesma atividade por um longo período.

O leque aberto das várias versões

Contos de fadas são textos vivos, ou seja, eles foram se modificando ao longo do tempo e das culturas. Portanto, não há por que se fixar numa só versão. Ao contrário, ao apresentar diferentes versões de uma história para a criança (ou mesmo ao adulto), você está compartilhando não apenas diferenças de enredo, mas também culturas e formas diversas de enxergar o mundo. Mas atenção: isso não quer dizer apresentar as versões do conto que operam um "achatamento" politicamente correto das histórias. Alguns textos, peças e filmes que usam o título de um determinado conto de fadas nada ou pouco têm a ver com o conto em si, apagando o que a história tem de mais belo, tocante e potente – seu núcleo –, desfazendo-se dos conflitos e abrindo mão de toda a complexidade, que se mostram tão importantes para o desenvolvimento psíquico e emocional. Certifique-se de escolher versões que mantêm o fio da meada ancestral dos contos.

A articulação ampla de emoções e sentimentos

O que brota da leitura de um conto? É comum que as crianças não compreendam muito bem seus sentimentos na infância. Nessa fase, tudo pode ser ainda difuso, e os medos, as angústias, as alegrias e até mesmo os problemas podem ser difíceis de expressar. Mas a contação de histórias pode ajudar as crianças nesse aspecto. Afinal, narrativas nada mais são que uma outra forma de se comunicar. Identificar e até demonstrar os sentimentos por meio de histórias pode ser muito mais eficiente que explicá-los de maneira literal.

Nas narrativas existem o bem, o mal, o herói, o vilão e a mistura de várias emoções representadas de forma lúdica e acessível. Todo esse universo imaginário ajuda as crianças a expressarem melhor, por meio de metáforas e comparações, o que elas sentem ou ao menos o que determinado personagem sentiu.

O valor terapêutico dos contos

Os contos de fadas têm sido utilizados por psicanalistas e psicólogos, ao longo do tempo, de modos particulares.

O psiquiatra suíço Carl Gustav Jung (1875-1961) via os contos de fadas como narrativas arquetípicas. Criador da psicologia analítica, ele deixou para sua seguidora, Marie--Louise von Franz (1915-98), a tarefa de pesquisar e teorizar os contos de fadas com profundidade. Em seu livro *A individuação nos contos de fadas* (Von Franz, 1999) os contos de fadas eram meios fundamentais no processo de individuação, "esqueletos" da psique, dotados de uma linguagem simbólica universal.

Na psicologia analítica, os contos de fadas, assim como os sonhos, são a expressão mais simples do inconsciente coletivo e são repletos de arquétipos. Arquétipos são justamente as formas de representação existentes nesse inconsciente coletivo que, diferentemente do inconsciente individual, que é singular, carrega informações ancestrais e universais, relativas a toda a humanidade. Jung (2000) acreditava que os contos de fadas funcionam como uma espécie de oficina ou de treinamento, que tem o intuito de nos conduzir a uma sabedoria ancestral a partir da travessia da existência.

Cada conto, para além de seu enredo próprio, contém todo um sistema ou uma constelação, com significados psicológicos exemplares. Há ali uma série de operações simbólicas de caráter compensatório no inconsciente, articulando, por exemplo, as tensões entre forças da *anima* e do *animus*, buscando sua integração. A *anima* é o aspecto feminino presente em todo homem, e que tanto pode atuar como uma mulher tomada de um sentimento exaltado, de fúria ou de ciúme, quanto como um feminino sábio, capaz de intuir o funcionamento do mundo e da vida. O *animus* é o aspecto masculino presente na mulher, que pode atuar como um masculino frio e violento, ou apresentar uma determinação focada, de levar algo até o fim.

Justamente por conta de sua riqueza simbólica, os contos são capazes de mobilizar grandes quantidades de energia arquetípica, atuando no trabalho de individuação, integrando *anima/animus* em direção à sabedoria.

Já o inglês Donald W. Winnicott (1896-1971) elaborou um pensamento psicanalítico fundamental sobre a importância do brincar no desenvolvimento do verdadeiro *self*. Tendo iniciado sua carreira como pediatra, Winnicott tornou-se um dos maiores psicanalistas de sua época, pensando também o adulto, mas a partir de questões da infância. Ele pesquisou como o brincar na infância influencia grandemente a potência criativa de um indivíduo, o que implica quem ele será na vida adulta.

Winnicott enfatizou a liberdade do ser humano de criar e desfrutar suas fantasias enquanto também se situa no concreto. Nessa arquitetura psíquica, em que se unem forças de oposição, um objeto transicional – que pode ser um paninho ou um ursinho de pelúcia, por exemplo – torna-se algo fundamental no processo de criação de si mesmo, do outro e do mundo. O objeto que acompanha o bebê ao longo da separação da mãe constrói uma área intermediária, altamente pessoal, e que depende das primeiras vivências de cada indivíduo com seu entorno, revelando o encontro verdadeiro com o outro. Winnicott acredita que, de fato, o processo da psicanálise ocorre na intersecção entre "áreas do brincar" do paciente e do analista.

Substituindo uma compreensão mais tradicional de saúde, Winnicott vê o bem-estar como uma capacidade de desenvolver um sentimento de realidade, encontrar uma maneira de existir como si mesmo e de se relacionar, que seja capaz de negociar entre múltiplas esferas da experiência, das fronteiras entre si e seu ambiente, suas realidades internas e externas, e de ter um *self* no qual se retirar para relaxar. E isso está intimamente relacionado a ter cultivado esse lugar de criatividade na infância, com suas possibilidades do brincar e do fantasiar.

Para ele, o que se prova generativo e criativo é uma aceitação do paradoxo apresentado por esferas duais, que são aquilo que é o concreto (realidade) e o lugar do brincar e sonhar (fantasia). Winnicott ilustra as maneiras como a fantasia e a realidade se desenrolam dentro de objetos e espaços singulares. No pensamento winnicottiano, é esse dualismo que dá poder aos objetos transicionais. O ursinho de pelúcia da criança ou a fada-madrinha da história não é simplesmente real nem simplesmente construído na mente da criança; são as duas coisas ao mesmo tempo. Quer dizer, esse objeto – o ursinho – é maior do que a soma de suas partes, pois elas refletem a experiência interna e externa de um objeto e do mundo, assumindo um significado novo por inteiro em sua convivência paradoxal. De duas entidades supostamente exclusivas nasce um terceiro espaço, mais rico, e que oferece um potencial de saúde.

Nesse sentido, é fundamental pensar que Winnicott valoriza o encantamento gerado pelas narrativas dos contos como algo que faz parte da constituição de uma vida mais autêntica e rica, ancorada no mundo exterior, mas contando também com aquele lugar de magia preservado em nossas vidas interiores.

Outro aspecto importante para analisar o lugar dos contos de fadas no pensamento winnicottiano se liga ao desenvolvimento do que ele chama de "verdadeiro *self*", que se constitui em oposição complementar ao "falso *self*", que seria uma espécie de "fachada" social em que nos apresentamos de acordo com as regras da vida em sociedade. Esse falso *self* é moldado pela realidade e tem como mote a adaptabilidade social, sendo, portanto, necessário em absoluto para o estabelecimento de uma vida em comunidade. Mas para que ele exista de modo saudável, há que se fortalecer também um "verdadeiro *self*", que é associal, amoral e radicalmente singular. Seu desenvolvimento garante a experiência de uma vida potente.

Para a construção desse verdadeiro *self*, desde a infância a criança precisa vivenciar experiências radicais, que muitas vezes são impossíveis de serem vividas no concreto. Só podemos matar a mãe que nos interdita, combater dragões que nos fazem fortes, encontrar tesouros que nos fazem magicamente ricos nos contos de fadas ou contos maravilhosos. Eles se tornam espaços privilegiados para essa operação tão necessária para a constituição de uma vida potente.

Ideias de atividades

A abordagem triangular

Para começar o trabalho com crianças um pouco mais velhas, preferencialmente a partir dos nove anos, pode ser muito interessante articular os contos de fadas no âmbito da abordagem triangular. Trata-se de uma forma de se relacionar com a arte criada pela professora Ana Mae Barbosa, arte-educadora e pesquisadora reconhecida no mundo todo como uma das maiores referências no assunto. Ana Mae, que foi aluna de Paulo Freire, herdou de sua formação uma preocupação com a socialização da cultura e a crença na educação como prática fundamental à liberdade, assim como o desejo de estender o acesso à arte, criando dispositivos que poderiam ser compreendidos por todos.

Na abordagem triangular, uma obra de arte (assim como uma história, ou qualquer manifestação cultural) passa a ser vista e pensada a partir de três elementos, três eixos ou pontas de um triângulo, que organizam e expandem a experiência: a leitura, a contextualização e o fazer artístico (Barbosa; Cunha, 2012). Podemos transpor essa abordagem utilizando como ponto de partida um conto maravilhoso, ou conto de fadas. É possível *ler* o conto apresentando, pensando-o de dentro para fora, discutindo seu *contexto* histórico, suas diferentes versões e maneiras de contar, para finalmente inventar uma nova forma de contar (ou desenhar, realizar colagens, encenar, dentre tantas outras possibilidades de recriação livre da obra, o que corresponderia à etapa do fazer artístico). Aqui valem, de fato, muitas possibilidades, como criar imagens ou novos jeitos de contar, inventar sons, musicar, interpretar, abrir a obra para o mundo.

Uma coleção de imagens

A ideia é apresentar uma coleção de imagens retiradas (recortadas manual ou digitalmente) de contos de fadas, que se tornam como que cartas de um baralho visual. A partir desse repertório de imagens-cartas, pode-se pedir que as crianças escolham algumas e formem um grupo. Então pergunte a elas o que são e o que significam. Nesse processo, as imagens escolhidas geram narrativas, que podem corresponder ao conteúdo das histórias das quais foram retiradas. O processo é o inverso do que se opera nos livros ilustrados tradicionais, em que os textos escritos inspiram ilustrações. Aqui as imagens geram a história. E lembre-se: do conjunto de imagens que as crianças buscaram podem surgir contos inovadores!

O pote de sentimentos e valores

Nesta atividade, você pode utilizar um vidro ou qualquer outro recipiente e colocar ali tirinhas de papel com sentimentos e valores éticos escritos, como verdade, justiça, amor, bondade, inveja. Então é hora de propor às crianças que tirem um bilhete de sentimento e contem uma história baseada nele. Um exemplo: a palavra "inveja" pode fazer com que ela conte sobre a madrasta da Branca de Neve e seu espelho mágico. Em meu livro *Histórias de valor* (Canton, 2008), trabalho com potes de valores e sentimentos: a criança ou adulto tira, sem ver, uma palavra e então encontra sua correspondência dentro do livro, onde cada capítulo apresenta um conto sobre amor, felicidade, perdão, generosidade, solidariedade, justiça e dignidade, entre outros. A temática dos sentimentos é uma boa forma de pensar em repertórios de contos que se desdobram à parte dela.

Jogral com um conto de fadas clássico

Aqui a ideia é fazer com que a turma refaça o enredo do conto, de acordo com a configuração do grupo. O trabalho de criar em equipe, cada qual um pedaço, reforça o espírito de união e também rende uma discussão importantíssima em se tratando de contos tradicionais: de quem é a autoria do conto? De onde vem a expressão "quem conta um conto, aumenta um ponto?". Registre a nova narrativa, que pode ser encenada, desenhada, cantada.

Partir do final "E foram felizes para sempre..." Será?

No meu livro *Fabriqueta de ideias*, há um capítulo intitulado "Fabriqueta Era uma vez" (Canton, 2013), onde proponho a continuação dos contos de fadas com finais diferentes. Por exemplo: e se, ao experimentar o sapatinho no pé de Cinderela, o príncipe descobrisse que ela tinha chulé? O que mais poderia acontecer? Peça para as crianças criarem finais surpreendentes para várias histórias. Além de ser divertido, essa brincadeira de imaginação criativa pode ser proposta para que a criança desmistifique as noções de uma vida perfeita incutida nas versões mais conhecidas de contos clássicos. No fundo, sabemos que o refrão do final "foram felizes para sempre" é, junto com o "era uma vez", um modo de suspender o tempo e o local das histórias, tornando-as atemporais. O "foram felizes para sempre" é, na verdade, quando o conto realmente começa.

Floresta: um projeto de meio ambiente

Nos contos de fadas, sobretudo quando falamos dos irmãos Grimm, a floresta tem um papel essencial e funciona como um ponto de mutação para os personagens. Branca de Neve foge para a floresta e passa a viver com os sete anões; João e Maria são deixados na floresta e encontram a casa de doces; o castelo da bela adormecida vira uma floresta enquanto todos adormecem por 99 anos... Agora é a hora de pesquisar o conceito de "floresta" e estudar os tipos de florestas que existem no mundo. Começar com a floresta amazônica é uma possibilidade. Como é a vegetação? Quem vive ali? Como é o clima? Há um universo de possibilidades para ampliar os estudos sobre o tema.

Projetos feministas

É muito conhecida a relação que se estabelece entre as mulheres protagonistas dos contos de fadas e a posição de fragilidade e espera (sobretudo a espera de um príncipe encantado). Mas nem todas as personagens femininas são frágeis, muito pelo contrário. A proposta aqui é pesquisar mulheres fortes, protagonistas de contos que serão muito interessantes de resgatar. Como exemplo, escrevi o livro infantojuvenil intitulado *Meninas incríveis: contos maravilhosos de transformação* (Canton, 2020), no qual pesquisei três contos sobre garotas que tiveram que reinventar suas vidas com incrível garra e coragem. Há também histórias de mulheres reais que são verdadeiros contos de fadas, perfazendo jornadas de heroínas inesquecíveis. É possível escolher nomes e contextos para investigar esses percursos com as crianças. Depois, pesquisa feita, é hora de criar um livro próprio, com ilustrações e uma exposição dedicada a essas mulheres.

Enciclopédia de animais

Além do lobo mau e do sapo que vira príncipe, pode-se fazer a proposta de um levantamento de todos os animais presentes em contos de fadas, em suas múltiplas versões e nacionalidades. Você vai perceber que há muitos outros animais que rendem ótimos contos. Dá até para criar um baralho feito com esses animais a ser usado para compor novas narrativas.

Mapa de Cinderelas

O conto de fadas "Cinderela" é um dos mais populares do mundo. Folcloristas como Alan Dundes produziram estudos com centenas de versões dos quatro cantos do mundo. Hoje nem é preciso recorrer à pesquisa ou ao livro de Dundes: basta realizar uma busca on-line e é possível acessar muitas versões do conto "Cinderela". A ideia aqui é apresentar um mapa-múndi e pedir às crianças que localizem as diferentes versões de Cinderela (após serem contadas). Versões de Grécia, Egito, China, França, Alemanha, Brasil... Enquanto as versões são lidas e localizadas no mapa, podemos escolher algumas para serem atribuídas a grupos, que ficariam incumbidos de fornecer elementos de estudos culturais para cada país escolhido, detalhando características dos contextos dessas histórias. As várias Cinderelas, espalhadas pelo mundo, rendem uma inesquecível aula de geografia!

Quem são os lobos?

Os lobos estão entre os personagens mais lembrados quando se fala em contos de fadas. Seja em "Chapeuzinho Vermelho", "Os três porquinhos", entre outros, falar em lobo é imediatamente relacionado ao personagem do Lobo Mau. Aqui o desafio é aprofundar uma pesquisa sobre o lobo, tanto em seu sentido biológico, como animal, quanto em sua história social, em que o lobo mau é criado como aproximação ao lobisomem, que surge no imaginário medieval.

Antagonismos

Esse projeto pressupõe uma comparação entre os opostos dos contos de fadas, sobretudo na relação entre bruxas versus fadas. Seriam todas as bruxas más e todas as fadas boas? Há exemplos contrários? Pode-se criar um "desfile" de fadas e bruxas que existem nas histórias. Uma pesquisa parecida pode ser feita comparando anões e gigantes. Como são os anões da Branca de Neve? Quais suas características físicas e de personalidade? E o gigante de "João e o pé de feijão"?

Era uma vez...

Quando é o "era uma vez"? O que isso quer dizer? Como é que essa frase foi parar nos contos de fadas? Com essa pesquisa e provocação é possível inventar brincadeiras, poemas e outras narrativas para falar de temporalidade, cronologia, tempo antigo versus contemporâneo. Como se percebe o tempo hoje? Lento ou rápido? Como é medido? O que acontece com ele?

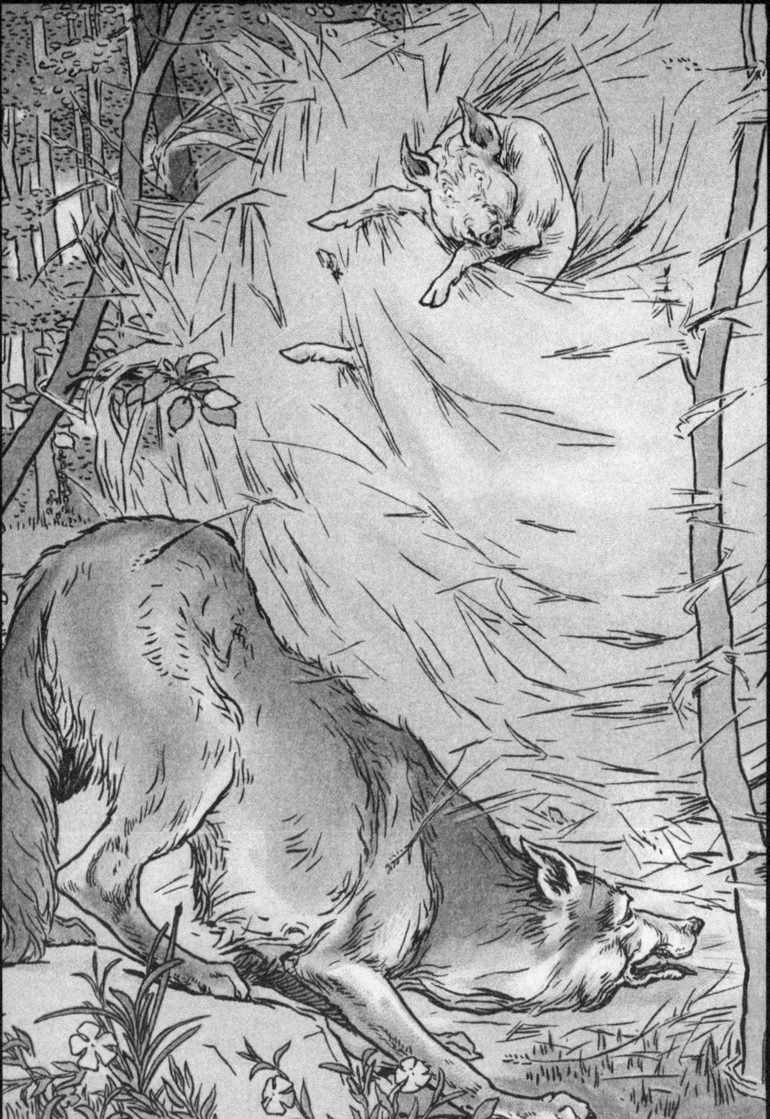

CONSIDERAÇÕES NÃO TÃO FINAIS
Um fio que nunca para de passar...

> *O que caracteriza o gênero conto de fadas é a imaginação de um contador que veio antes; o conto de fadas que ouvimos hoje se refere sempre a um passado muito distante, variações de narrativas muito antigas.*
>
> Marina Warner

Se são as histórias que nos definem, é porque elas são a mais importante herança humana. Somos o que somos hoje porque alguém foi o que foi antes de nós, e assim sucessivamente, abrindo novelos de fios para os que estão e os que estarão.

Contar, ler e escrever histórias, portanto, são atos sociais fundamentais, formas de resistência da legitimidade da vida humana. Sem narrativas que recontam nossos desejos, sonhos, medos e faltas, seríamos apenas abstrações, seres sem corpo, sem passado e sem invenção de futuro.

Viver sem histórias seria viver numa sucessão infinita de tempos presentes, como o que mostra, por exemplo, o filme *O feitiço do tempo*, de 1993, em que o Dia da Marmota se repete sempre igual, congelado numa repetição sem mudanças. Nesse esvaziamento de outras camadas de possibilidades temporais, a ausência de histórias nos impossibilitaria de criar laços com a ancestralidade descortinada nos fios do passado ou projetar invenções de possíveis desenhos de futuro.

Nas palavras de Walter Benjamin, contar histórias se liga à construção de uma rede:

> criar a rede sempre foi a arte de contá-las de novo, e a rede se perde quando as histórias não são mais

renovadas. Ela se perde quando ninguém mais fia ou tece enquanto ouve a história. Quanto mais o ouvinte se esquece de si mesmo, mais profundamente se grava nele o que é ouvido. Quando o ritmo do trabalho se apodera dele, ele escuta as histórias de tal maneira que adquire espontaneamente o dom de narrá-las. Assim se teceu a rede em que está guardado o dom narrativo. E assim essa rede se desfaz hoje por todos os lados, depois de ter sido tecida, há milênios, em torno das mais antigas formas de trabalho manual (Benjamin, 1993, p. 205).

Dotado da capacidade de fabular, o ser humano ganhou a possibilidade de se tornar sujeito, narrador e agente da própria história, sonhada, fabulada e narrada. E precisa continuar a tecer sua rede, onde se costura o laço social humano.

Por isso tudo que apresentamos e discutimos no livro (e por muita coisa mais), devemos preservar contos, falados, escritos, lidos, desenhados, como memórias que nos pertencem e nos dão contorno.

Que possamos ter sempre belas histórias para contar, para ler, para compartilhar!

REFERÊNCIAS

A POTÊNCIA dos contos de fadas e a censura do mágico. [S. l.: s. n.], 2020. Publicado pelo canal Clube Quindim. Disponível em: https://www.youtube.com/watch?v=RsyyNMJbLfI. Acesso em: 27 ago. 2024.

AARNE, Antii. *The types of folktales*: a classification and bibliography. Helsinki: FF Communication, 1961.

ANDERSON, Hephzibah. Is it time to rewrite fairy tales? *BBC Radio Culture*, London, 2 abr. 2019.

ARIÈS, Philippe. *História social da criança e da família*. Rio de Janeiro: Guanabara, 1981.

BARNEVILLE, Marie-Catherine Le Jumel de. *Contos de fadas de Madame d'Aulnoy*. São Paulo: Teoria das Fadas, 2023. 3 v.

BAKER-SPERRY, Lori; GRAUERHOLZ, Liz. The pervasiveness and persistence of the feminine beauty ideal in children's fairy tales. *Gender and Society*, Thousand Oaks, v. 17, n. 5, p. 711-726, 2003.

BARBOSA, Ana Mae; CUNHA, Fernanda Pereira da (org.). *Abordagem triangular no ensino das artes e culturas visuais*. São Paulo: Cortez, 2012.

BARTHES, Roland. *Mitologias*. São Paulo: Difel, 1980.

BENJAMIN, Walter. O narrador. *In*: BENJAMIN, Walter. *Magia e técnica, arte e política*. São Paulo: Brasiliense, 1993. (Obras escolhidas, v. 1)

BETTELHEIM, Bruno. *A psicanálise dos contos de fadas*. Rio de Janeiro: Paz & Terra, 1978.

BOLLAS, Christopher. *A sombra do objeto*: a psicanálise do conhecido não pensado. São Paulo: Escuta, 2015.

BOTTIGHEIMER, Ruth. *Fairy tale, a new history*. New York: Excelsior, 2009.

CAMPBELL, Joseph. *O herói de mil faces*. São Paulo: Cultrix, 1995.

CANTON, Katia. *A cozinha encantada dos contos de fadas*. São Paulo: Companhia das Letrinhas, 2015.

CANTON, Katia. *E o príncipe dançou...* São Paulo: Ática, 1994.

CANTON, Katia. Fabriqueta Era uma vez. *In*: CANTON, Katia. *Fabriqueta de ideias*. São Paulo: Companhia das Letrinhas, 2013.

CANTON, Katia. *Histórias de valor*. São Paulo: WMF Martins Fontes, 2008.

CANTON, Katia. *Meninas incríveis*: contos maravilhosos de transfor-

mação. São Paulo: Carochinha, 2020.
CANTON, Katia. *Minimaginário de Andersen*. São Paulo: Companhia das Letrinhas, 2014b.
CARTER, Angela. *The bloody chamber*. New York: Harper and Row, 1979.
COMTE-SPONVILLE, André. *A felicidade, desesperadamente*. São Paulo: Martins Fontes, 2001.
CORSO, Diana Lichtenstein; CORSO, Mário. *Fadas no divã*: psicanálise nas histórias infantis. Porto Alegre: Artmed, 2006.
DARNTON, Robert. *O grande massacre de gatos e outros episódios da história cultural francesa*. Rio de Janeiro: Graal, 1984.
DELANEY, Wray. *The beauty of the wolf*. London: HQ Publishing, 2019.
DOWLING, Colette. *Complexo de Cinderela*. São Paulo: Melhoramentos, 2005.
DUNDES, Alan. *Cinderella*: a casebook. Madison: University of Wisconsin Press, 1983.
ESTÉS, Clarissa Pinkola. *Mulheres que correm com os lobos*: mitos e histórias do arquétipo da mulher selvagem. Rio de Janeiro: Rocco, 2018.
FORSYTH, Kate. *The wild girl*: a novel. London: Allison & Busby, 2013.
FREUD, Sigmund. Além do princípio do prazer. *In*: FREUD, Sigmund. *Além do princípio do prazer, psicologia de grupo e outros trabalhos*. Rio de Janeiro: Imago, 1969.
FREUD, Sigmund. *Escritores criativos e devaneios*. *In*: FREUD, Sigmund. *Obras completas*. Rio de Janeiro: Imago, 1987.
FREUD, Sigmund. *Recordar, repetir e elaborar*: novas recomendações sobre a técnica da psicanálise II. Rio de Janeiro: Imago, 1980.
GUTFREIND, Celso. *A infância através do espelho*: a criança no adulto, a literatura na psicanálise. Porto Alegre: Artmed, 2014.
GUTFREIND, Celso. *O terapeuta e o lobo*: a utilização do conto na psicoterapia da criança. Rio de Janeiro: Artes e Ofícios, 2010.
HAASE, Donald. *The Greenwood Encyclopedia of folktales and fairy tales*. Westport: Greenwood Press, 2008.
JACOBS, Joseph. *A história dos três porquinhos*. São Paulo: Expresso Zahar, 2010.
JUBBER, Nicholas. *Os contadores de histórias*: a história secreta dos contos de fadas e dos seus autores. Lisboa: Bertrand, 2022.
JUNG, Carl. Os arquétipos e o inconsciente coletivo. *In*: JUNG, Carl. *Obras completas*. Petrópolis: Vozes, 2000. v. 9.
KEHL, Maria Rita. Prefácio. *In*: CORSO, Diana Lichtenstein; CORSO, Mário. *Fadas no divã*: psicanálise nas histórias infantis. Porto Alegre: Artmed, 2006.
LACAN, J. *Le séminaire*: livre I: les écrits techniques de Freud. Paris: Seuil, 1975.
LACAN, J. *Le séminaire*: livre III: les psychoses. Paris: Seuil, 1981.

PROPP, Vladimir. *Morphology of the folktale*. Austin: University of Texas Press, 1990.

RIBEIRO FILHO, Paulo César. Contos de fadas: a esperança que ecoa do "Era uma vez"... Entrevista com Jack Zipes. *Literartes*, São Paulo, v. 1, n. 11, p. 13-26, 2019.

RIBEIRO FILHO, Paulo César. *Madame d'Aulnoy e o conto de fadas literário francês do século XVII*. 2023. Tese (Doutorado em Literatura) – Universidade de São Paulo, São Paulo, 2023.

SANDAHL, Iben Dissing; ALEXANDER, Jessica Joelle. *Pais à maneira dinamarquesa*: o que sabem os pais das pessoas mais felizes do mundo a respeito de como educar crianças mais confiantes e seguras. Lisboa: Arena PT, 2016.

SILVA, Sara Graça da; TEHRANI, Jamshid J. Comparative phylogenetic analyses uncover the ancient roots of Indo-European folktales. *Royal Society Open Science*, London, v. 3, 2016. Disponível em: https://royalsocietypublishing.org/doi/10.1098/rsos.150645. Acesso em: 7 ago. 2024.

TATAR, Maria. *Contos de fadas*: edição comentada e ilustrada. Rio de Janeiro: Zahar, 2004.

VOGLER, Christopher. *A jornada do escritor*: estruturas míticas para novos escritores. São Paulo: Aleph, 2015.

VON FRANZ, Marie-Louise. *A individuação nos contos de fadas*. São Paulo: Paulus, 1999.

VON FRANZ, Marie-Louise. *A sombra e o mal nos contos de fadas*. São Paulo: Paulus, 2020.

VON FRANZ, Marie-Louise. *Animus e anima nos contos de fadas*. São Paulo: Verus, 2010.

WARNER, Marina. *Da fera à loira*: sobre contos de fadas e seus narradores. São Paulo: Companhia das Letras, 2000.

WINNICOTT, Donald Woods. *A criança e seu mundo*. Rio de Janeiro: LTC, 2021.

WINNICOTT, Donald Woods. *O brincar e a realidade*. Rio de Janeiro: Imago, 1975.

WINNICOTT, Donald Woods. *Os contos de fada e a arte da subversão*: o gênero clássico para crianças e o processo civilizador. São Paulo: Perspectiva, 2023.

WINNICOTT, Donald Woods. *Tudo começa em casa*. São Paulo: Ubu, 2021.

BIBLIOGRAFIA SUGERIDA

ABRAMOVICH, Fanny. *Literatura infantil*: gostosuras e bobices. São Paulo: Scipione, 2006.
BARBOSA, Ana Mae. *A imagem no ensino da arte*. São Paulo: Perspectiva, 2008.
BARTHES, Roland. *Aula*. São Paulo: Cultrix, 1996.
BENJAMIN, Walter. *A criança, o brinquedo e a educação*. São Paulo: Summus, 1984.
BENJAMIN, Walter. *O contador de histórias*: e outros textos. São Paulo: Hedra, 2020.
BENJAMIN, Walter. O narrador. In: BENJAMIN, Walter. *Toda obra*. São Paulo: Brasiliense, 1985.
BERNHEIMER, Kate (org.). *Mirror, mirror on the wall*: women writers explore their favorite fairy tales. New York: Anchor Books, 1998.
BLOCH, Ernst. *Being a character*: psychoanalysis and self experience. New York: Hill and Wang, 1994.
BLOCH, Ernst. *Forças do destino*: psicanálise e idioma humano. Rio de Janeiro: Imago, 1992.
BLOCH, Ernst. *O princípio esperança*. Rio de Janeiro: EdUERJ, 2005.
BLOCH, Ernst. *The utopian function of art and literature*. Cambridge: MIT Press, 1987.
BOLLAS, Christopher. *O momento freudiano*. São Paulo: Nós, 2024.
BOLLAS, Christopher. *Segure-os antes que caiam*. São Paulo: Nós, 2024.
BOLLAS, Christopher. *The evocative object world*. London: Routledge, 2008.
BOTTIGHEIMER, Ruth. *Fairy tales and society*. Philadelphia: University of Pennsylvania Press, 1989.
CALVINO, Italo. *Fábulas italianas*. São Paulo: Companhia das Letras, 1992.
CALVINO, Italo. *O poder do mito*. São Paulo: Palas Athena, 1990.
CALVINO, Italo. *Por que ler os clássicos*. São Paulo: Companhia de Bolso, 2007.
CALVINO, Italo. *The complete Grimm's fairy tales*. New York: Pantheon, 1972.
CANDIDO, Antonio. *Literatura e sociedade*. Rio de Janeiro: Ouro Sobre Azul, 2010.
CANTON, Katia. *103 contos de fadas*. São Paulo: Companhia das Letras, 2007.

CANTON, Katia. *1001 noites à luz do dia*: Sherazade conta histórias árabes. São Paulo: DCL, 2010. (Coleção Arte Conta Histórias).

CANTON, Katia. *A bota e a enxada*: certos contos italianos. São Paulo: DCL, 2010. (Coleção Arte Conta Histórias).

CANTON, Katia. *A noiva do rei*. São Paulo: DCL, 2003.

CANTON, Katia. *A princesa que mora no livro*. São Paulo: Estrela Cultural, 2019.

CANTON, Katia. *Anita, a abelha*. São Paulo: Carochinha, 2014.

CANTON, Katia. *Balé dos Skazkás*: viagem pelos contos da Rússia. São Paulo: DCL, 2010. (Coleção Arte Conta Histórias).

CANTON, Katia. *Chocolate quente na neve*: histórias de Andersen. São Paulo: DCL, 2010. (Coleção Arte Conta Histórias).

CANTON, Katia. *Contos que brotam das florestas*: histórias dos Irmãos Grimm. São Paulo: DCL, 2010. (Coleção Arte Conta Histórias).

CANTON, Katia. *Contos que valem uma fábula*: histórias de animais animados. São Paulo: DCL, 2010. (Coleção Arte Conta Histórias).

CANTON, Katia. *Conversa de Madame*: Perrault nos salões franceses. São Paulo: DCL, 2010. (Coleção Arte Conta Histórias).

CANTON, Katia. *Debaixo de uma cerejeira*: histórias contadas no Japão. São Paulo: DCL, 2010. (Coleção Arte Conta Histórias).

CANTON, Katia. *Entre o rio e as nuvens*: algumas histórias africanas. São Paulo: DCL, 2010. (Coleção Arte Conta Histórias).

CANTON, Katia. *Era uma vez, Andersen*. São Paulo: DCL, 2005.

CANTON, Katia. *Era uma vez, Irmãos Grimm*. São Paulo: DCL, 2006.

CANTON, Katia. *Era uma vez, Perrault*. São Paulo: DCL, 2005.

CANTON, Katia. *Era uma vez*: arte conta histórias do mundo. São Paulo: Centro Cultural Banco do Brasil, 2009. Catálogo da exposição.

CANTON, Katia. *Fadas que não estão nos contos*: uma confusão de clássicos. São Paulo: DCL, 2010. (Coleção Arte Conta Histórias).

CANTON, Katia. *Lewis Carroll na Era Vitoriana*: outras histórias de Alice. São Paulo: DCL, 2010. (Coleção Arte Conta Histórias).

CANTON, Katia. *Monstruário*. São Paulo: DCL, 2013b.

CANTON, Katia. *O príncipe encantado e o mico-leão-dourado*. São Paulo: DCL, 2003.

CANTON, Katia. *O sonho da princesa*. São Paulo: DCL, 2003.

CANTON, Katia. *Os contos de fadas e a arte*. São Paulo: Prumo, 2009.

CANTON, Katia. *Os desenhos mágicos*. São Paulo: DCL, 2003.

CANTON, Katia. *The fairy tale revisited*. New York: Peter Lang, 1994.

CASTRO, Eliane Dias de. *Dipti Desai, Adriana Rede, Táki Cordás, Katia Canton*: obras de 2008 a 2016. São Paulo: Olhares, 2016.

CIRLOT, Juan-Eduardo. *Dicionário de símbolos*. São Paulo: Morais, 1984.

COELHO, Isabel Lopes. *A representação da criança na literatura infanto-juvenil*. São Paulo: Perspectiva, 2020.

COELHO, Nelly Novaes. *Literatura infantil*. São Paulo: Moderna, 2000.
COELHO, Nelly Novaes. *O conto de fadas*: símbolo, mitos e arquétipos. São Paulo: Difusão Cultural do Livro, 2003.
COLASANTI, Marina. *23 histórias de um viajante*. São Paulo: Global, 2011.
COLASANTI, Marina. *A moça tecelã*. São Paulo: Global, 2003.
COLASANTI, Marina. *Doze reis e a moça no labirinto do vento*. São Paulo: Global, 1982.
COLASANTI, Marina. *Uma ideia toda azul*. São Paulo: Global, 2006.
DERRIDA, Jacques. *Gramatologia*. São Paulo: Perspectiva, 1973.
DOLTO, Françoise. *Seminário de psicanálise de crianças*. São Paulo: WMF Martins Fontes, 2013.
DOLTO, Françoise. *Little Red Riding Hood*: a casebook. Madison: University of Wisconsin Press, 1989.
DUNDES, Alan. *Morfologia e estrutura no conto folclórico*. São Paulo: Perspectiva, 1996.
ECO, Umberto. *Seis passeios pelos bosques da ficção*. São Paulo: Companhia das Letras, 2009.
ELIADE, Mircea. *Mythes, rêves et mystères*. Paris: Gallimard, 1957.
ESTÉS, Clarissa Pinkola. A terapia dos contos. *In*: ESTÉS, Clarissa Pinkola (org.). *Contos dos irmãos Grimm*. Rio de Janeiro: Rocco, 2005.
FREIRE, Paulo. *A importância do ato de ler*. São Paulo: Cortez, 2021.
FREIRE, Paulo. *Educação como prática de liberdade*. Rio de Janeiro: Paz & Terra, 2019.
FREUD, Anna. *O tratamento psicanalítico de crianças*. Rio de Janeiro: Imago, 1971.
FREUD, Sigmund. *A interpretação dos sonhos*. Porto Alegre: L&PM, 2013.
FREUD, Sigmund. *Análise de uma fobia em um menino de cinco anos*. Rio de Janeiro: Imago, 1969.
GOMES, Helena. *A donzela sem mãos e outros contos*. Rio de Janeiro: Escrita Fina, 2013.
GOMES, Helena. *Reis, moscas e um gole de astúcia*. São Paulo: Biruta, 2018.
GOMES, Helena; SOUZA, Geni. *Princesas moscas e uma sardinha na brasa*. São Paulo: Biruta, 2015.
GOMES, Helena; VENTURA, Susana. *Dragões, maçãs e uma pitada de cafuné*. São Paulo: Biruta, 2015.
GOULD, Joan. *Fiando palha, tecendo ouro*: o que os contos de fadas revelam sobre as transformações na vida da mulher. Rio de Janeiro: Rocco, 2007.
HAASE, Donald. *Fairy tales and feminism*: new approaches. Michigan: Wayne State University, 2004.

HEGEL, Georg Wilhelm Friedrich. *Fenomenologia do espírito*. Petrópolis: Vozes, 2003.
JAMESON, Frederic. *O inconsciente político*: a narrativa como ato sócio-simbólico. São Paulo: Ática, 1992.
JUNG, Carl Gustav. *O homem e seus símbolos*. Rio de Janeiro: Nova Fronteira, 1994.
JUNG, Carl Gustav. Os arquétipos e o inconsciente coletivo. *In*: JUNG, Carl Gustav. *Obras completas*. Petrópolis: Vozes, 2000. v. 9.
KLEIN, Melanie. *Psicanálise da criança*. São Paulo: Mestre Jou, 1981.
LACAN, Jacques. *Le séminaire*: livre II: le moi dans la théorie de Freud et dans la technique de la psychanalyse. Paris: Seuil, 1978.
LEE, Tanith. *Vermelho como sangue*. New York: Daw Books, 1983.
LESLIE, Cassia. *O príncipe atrasado*: uma paródia teatral dos contos de fadas. Londrina: Madrepérola, 2018.
MACHADO, Ana Maria. *Como e por que ler os clássicos universais desde cedo*. Rio de Janeiro: Objetiva, 2002.
MACHADO, Regina. *A arte da palavra e da escuta*. São Paulo: Reviravolta, 2015.
MACHADO, Regina. *Acordais*: fundamentos teórico-poéticos da arte de contar histórias. São Paulo: DCL, 2004.
MACHADO, Regina. *Nasrudin*. São Paulo: Companhia das Letrinhas, 2002.
MEDLEY, Linda. *O castelo adormecido*. São Paulo: Via Lettera, 2010.
MEREGE, Ana Lúcia. *Os contos de fadas*. São Paulo: Claridade, 2010.
OPIE, Iona; OPIE, Peter. *The classic fairy tales*. Oxford: Oxford University Press, 1992.
OZ, Amós. *De repente, nas profundezas dos bosques*. São Paulo: Companhia das Letras, 2007.
PARREIRAS, Ninfa de Freitas. *Confusão de línguas na literatura*: o que o adulto escreve, a criança lê. Belo Horizonte: RHJ, 2010.
PIAGET, Jean. *A construção do real na criança*. São Paulo: Ática, 2002.
PIAGET, Jean. *A formação do símbolo na criança*: imitação do jogo, sonho, imagem e representação. Rio de Janeiro: Gen, 2010.
PIAGET, Jean; INHELDER, Bärhel. *A imagem mental da criança*: estudo sobre o desenvolvimento das representações imagéticas. Porto: Civilização, 1997.
PURKISS, Diane. *At the bottom of the garden: a dark story of fairies, hobgolins, nymphs, and other troublesome things*. New York: New York University Press, 2001.
RADINO, Glória. *Contos de fadas e realidade psíquica*: a importância da fantasia no desenvolvimento. São Paulo: Casa do Psicólogo, 2003.
REDE, Adriana. *Castelos de areia*: Katia Canton. São Paulo: Caixa Cultural da Sé, 2016.

RIBEIRO FILHO, Paulo César. *A ilha da Felicidade*. [*S. l.: s. n.*], 2021. E-book.
RIBEIRO FILHO, Paulo César. *O pássaro azul*. [*S. l.: s. n.*], 2020. E-book.
SILVEIRA, Nise da. *Jung, vida e obra*. São Paulo: Paz & Terra, 2011.
SPONVILLE, André Comte. *A felicidade, desesperadamente*. São Paulo: Martins Fontes, 2001.
STONE, Kay. *Someday your witch will come*. Michigan: Wayne State University, 2008.
ULHÔA CINTRA, Elisa Maria (org.). *Por que Bollas?* São Paulo: Zagodoni, 2024.
VENTURA, Susana; LESLIE, Cassia. *A Bela e a Fera e outros contos da Mme Leprince de Beaumont*. Londrina: Florear, 2020.
VENTURA, Susana; LESLIE, Cassia. *Na companhia de Bela*: contos de fadas por autoras dos séculos XVII e XVIII. Londrina: Florear, 2019.
VOGLER, Christopher. *A jornada do escritor*: estruturas míticas para novos escritores. São Paulo: Aleph, 2015.
VOLOBUEF, Karin. *A interpretação nos contos de fadas*. São Paulo: Paulus, 1999.
VOLOBUEF, Karin. *Contos de fadas dos irmãos Grimm*. Carta Fundamental, São Paulo, n. 44, p. 20-25, 2012.
VOLOBUEF, Karim. The location of cultural experience. *International Journal of Psychoanalysis*, [*s. l.*], v. 48, p. 368-372, 1967.
ZIPES, Jack. *Don't bet on the prince*: contemporary feminist fairy tales in North America and England. New York: Meuthen, 1986.
ZIPES, Jack. *Grimm legacies*: the magic spell of the Grimms' folk and fairy tales. Princeton: Princeton University Press, 2014.
ZIPES, Jack. *Happily ever after*: fairy tales, children, and the culture industry. New York: Routledge, 1997.
ZIPES, Jack. Introduction. *In*: COLLODI, Carlo. *Pinnochio*. New York: Penguin, 2002.
ZIPES, Jack. *Os contos de fada e a arte da subversão*: o gênero clássico para crianças e o processo civilizador. São Paulo: Perspectiva, 2023.
ZIPES, Jack. *The irresistible fairy tale*: the cultural and social history of a genre. Princeton: Princeton University Press, 2012.
ZIPES, Jack. *Trials and tribulations of little red riding hood*: versions of the tale in sociocultural context. Averbury: Averbury Press, 1983.
ZIPES, Jack. *Victorian fairy tales*: the revolt of the fairies and elves. New York: Routledge, 2016.